O Homem do Sapato Branco

Mauricio Stycer

O Homem do Sapato Branco

A vida do inventor do mundo
cão na televisão brasileira

todavia

Introdução: Os primórdios do
sensacionalismo na TV brasileira 7

1. "Esta É a Sua Vida" 15
2. O mito da "fase elitista" da TV 24
3. TV Cultura: "A pior emissora de São Paulo" 27
4. *Câmeras Indiscretas*: "Quase São Paulo inteiro estremeceu de emoção" 30
5. *Um Fato em Foco*: "Revelando fatos inenarráveis" 38
6. *Mondo cane* e mundo cão 47
7. "E fiz então *O Homem do Sapato Branco*. Para o meu mal" 52
8. O deputado que não aprovou nenhum projeto 71
9. "O povo fica sem Papai Noel" 84
10. Prisão e fim do programa na Globo 92
11. Cassação do mandato: "Uma das maiores calamidades de São Paulo" 115

12. Uma década no ostracismo 126
13. "Está de volta o autêntico dono do pedaço" 134
14. O "Time B": como eram encenadas as brigas 154
15. Jacinto justifica o sensacionalismo:
"Já evitamos crimes de morte" 162
16. A vida como ela é: tiro no garçom e outros causos 167
17. Namoro com o malufismo 178
18. O "cronista do absurdo" no *Aqui Agora* 183
19. Acusações e suspeitas não investigadas 191
20. "Esqueceram de mim com muita rapidez" 198

Epílogo: "O que não é mundo cão neste mundo?" 209

Agradecimentos 213
Fontes e referências bibliográficas 215
Créditos das imagens 221

Introdução
Os primórdios do sensacionalismo na TV brasileira

Em um estúdio de televisão, duas mulheres acusadas de roubar um relógio estão sentadas em dois bancos. Olham para o chão, assustadas. Ao fundo, três policiais, em pé, as acompanham e vigiam. A suposta vítima do assalto também está presente, sentada mais para o canto da tela. "Nesta época de Natal, o povo tem que se precaver contra as moças também. Porque elas estão assaltando. Essas duas moças são de assalto", informa Valter, chefe dos investigadores. O apresentador se aproxima de uma das mulheres e pergunta: "Assaltante? Bonita assim?". Ela se identifica como Zuleide e conta que roubou um relógio. "Quantas vezes você já roubou?" Ela diz: "É a primeira vez". "Não mente", reage o apresentador. "É a primeira vez", ela insiste. "Não mente", ele repete. "É a primeira vez", diz ela novamente. "Não mente pra mim", reclama ele e dá um tapa no rosto dela. Dirigindo-se a um dos policiais, o apresentador pergunta: "Nunca roubou, Valter?". O homem responde: "Estamos investigando ainda". De volta à suposta assaltante, ele pergunta: "Por que você roubou? Uma moça tão bonita". "Não sei. Na hora deu vontade", diz Zuleide. Sua colega segue olhando fixamente para o chão. "Olha pra mim", cobra o apresentador, dando um tapinha também no rosto da segunda acusada e erguendo a cabeça dela com a mão. As duas se dizem arrependidas. "Já pediu desculpas?", pergunta o apresentador. "Vou pedir desculpas, sim, senhor", diz Zuleide. Ao final, ela ainda elogia a ação dos policiais. "Eles foram muito legal comigo". O apresentador pede ao câmera: "Então, vamos focalizar as duas jovens e se existir alguma vítima que elas tenham assaltado, pode procurar a 47ª Delegacia Policial". E encerra agradecendo ao policial e à sua equipe. Valter diz: "Perfeitamente, estaremos lá ao dispor de vocês".

Entre janeiro de 1962 e março de 1969, com alguns intervalos no período, Jacinto Figueira Júnior produziu e/ou apresentou três programas de televisão em três emissoras. Estreou na TV Cultura como produtor de *Câmeras Indiscretas* e depois esteve à frente de *Um Fato em Foco* e de *O Homem do Sapato Branco*. Levou este último para a Bandeirantes e para a Globo. Esses sete anos formam o cerne da sua produção e explicam por que deu uma contribuição histórica e controversa — ainda que hoje ignorada — à TV brasileira.

Infelizmente, a maior parte dos registros em vídeo desse período é desconhecida. O que se sabe a respeito, sobretudo, é a reação que esses programas provocaram, segundo o noticiário irregular na imprensa da época. São notas em jornais informando sobre o conteúdo, críticas enfurecidas ou debochadas, editoriais pedindo a censura de Jacinto e vários atos arbitrários de diferentes órgãos do governo suspendendo as atrações.

Nesse seu primeiro período de atuação, *O Homem do Sapato Branco* foi pioneiro ou se destacou de forma inédita até então em vários aspectos: na mistura de jornalismo com entretenimento; na bajulação da polícia e na espetacularização da violência; no desrespeito aos pés de chinelo acusados de crimes; na postura de interrogador e não de entrevistador; na atitude de xerife do consumidor; na encenação, sem aviso ao espectador, de situações dramáticas; no ilusório assistencialismo aos miseráveis.

Criando um clima de filme noir, com trilha sonora arrepiante, fumaça no estúdio escuro e gestos teatrais, a começar pelo sapato branco sempre focado, Jacinto impunha respeito e causava medo. É inconcebível imaginar algo assim hoje, mas muitas vezes o apresentador levou homens algemados ao estúdio. Era um dos diferenciais do programa. A polícia prendia um acusado e, antes de ir para a delegacia, ele era levado à televisão, mesmo que não quisesse. Houve situações em que, ao chegar ao estúdio, o homem apontado como ladrão ou estuprador encontrava a mãe e o pai à sua espera para participar da gravação. Com ar ora paternal, ora severo, o Homem do Sapato Branco interrogava os acusados fazendo o duplo papel de bom e mau policial. Dava lições, ameaçava e, eventualmente, quando perdia a paciência, ofendia seus entrevistados. Não por acaso, foi acusado de promover um show de horrores, um circo de desgraças humanas.

Mas Jacinto também exibiu várias qualidades. Eu destacaria a coragem de abordar temas até então considerados tabus; a busca pela informação (e pelas imagens) nas ruas; a audácia de encarar poderosos com os quais não tinha relações; o olfato apurado para os assuntos que interessavam o público; a independência em relação aos superiores.

Eleito deputado estadual em São Paulo nas eleições de 1966, Jacinto exerceu o mandato entre 1967 e 1968. Foi um deputado medíocre, como tantos outros. Não aprovou nenhum projeto. Mas apostou no assistencialismo. Centenas de necessitados faziam fila na Assembleia Legislativa para ganhar um tíquete, que poderia ser trocado por um litro de leite. Empolgado com o apoio popular, cogitou se candidatar ao Senado. Seu sucesso e sua ambição podem explicar, talvez, a arbitrariedade que sofreu. Em 13 de março de 1969, foi cassado e teve os direitos políticos suspensos por dez anos com base no AI-5. O ato violento teve o efeito, por consequência, de deixá-lo longe da televisão por igual período. Manteve um programa no rádio, sem grande repercussão, e afundou-se em problemas e dívidas.

Jacinto nunca entendeu os motivos de sua cassação. Documentos inéditos, levantados ao longo da pesquisa para a realização deste livro, mostram como o governo militar investigou o apresentador e preparou o terreno para tirá-lo da política. Reproduzo, pela primeira vez, a ata da reunião do Conselho de Segurança Nacional que decidiu pela perda do mandato do deputado — e aponto os erros e as imprecisões citados durante o encontro. Como descrevo em detalhes, a ditadura não encontrou provas de que fosse "subversivo" ou "corrupto", tirando-o do ar simplesmente por não gostar do que ele fazia e temer o que ainda poderia fazer.

O trabalho de Jacinto — e, neste caso, não é privilégio dele — também ajudou a expor o moralismo de parte do público, o despreparo de um naco da crítica e a hipocrisia da censura. É notável o arco de descontentamento que atraiu contra si, entre setores da elite na mídia, na política e até na Igreja. Vários veículos jornalísticos que sofreram com a censura durante o regime militar pediram censura a Jacinto — e festejaram quando foram atendidos.

O retorno à TV, no comando de *O Homem do Sapato Branco*, só ocorreu em novembro de 1979, na Record, em São Paulo, e na TVS, de Silvio Santos, no Rio. Essa volta despertou enorme interesse da imprensa e do público. E da censura. Outro conjunto de documentos inéditos revelados no livro mostra como, já na fase de "abertura" da ditadura, Jacinto continuava incomodando o regime. Ainda que seu programa fosse classificado como jornalístico, foi submetido à censura prévia. Assim que inaugurou o SBT, em 1981, Silvio empregou Jacinto na nova rede de televisão, mas o dispensou no fim do ano seguinte — o programa dava audiência, mas não tinha anunciantes, como a maior parte das atrações muito populares do canal.

Na década de 1990, participou, como repórter, do *Aqui Agora*, na emissora de Silvio Santos, encarnando pela última vez o personagem que criou. Tornou-se "cult" em alguns meios, mas sem o frescor dos que vieram depois dele, muitas vezes o imitando. Sobre esse segundo período, nas décadas de 1980 e 1990, há mais registros em vídeo. Eles dão uma ideia, oferecem uma sugestão do que foi Jacinto em seu auge, nos anos 1960. Sempre de sapatos brancos, paletó com seis botões e camisa de gola rulê, sentado num estúdio totalmente às escuras e esfumaçado, o apresentador impunha medo, respeito e até admiração. Mas não deixava de transmitir a ideia, também, de que havia se tornado escravo da imagem que criou. Uma caricatura, muitas vezes, como é possível observar em entrevistas que concedeu nessa fase da carreira e da vida.

Filho de imigrantes portugueses, de situação remediada, nascido em 1927, Jacinto foi criado no Pari, vizinho do Brás, em São Paulo. Perdeu o pai cedo, aos dezessete anos, e tentou uma carreira como cantor, imitando músicos norte-americanos no estilo country. É descrito por quem o conheceu nas décadas de 1940 e 1950 como um jovem malandro, sem a conotação negativa que essa palavra adquiriu. Malandro no jeito de andar e falar, um sujeito engraçado, adepto da vida boêmia, que circulava de bar em bar e frequentava os "inferninhos" da cidade.

Teve alguns ofícios, como corretor de imóveis, antes de entrar para a televisão via departamento de publicidade dos Diários Associados. Por caminhos inesperados, tornou-se, no início da década de 1960, produtor de um programa que mostrava cenas inusitadas, surpreendentes e, por vezes, chocantes na TV — muitas delas encenadas artificialmente por seus assistentes. Como muitos outros jornalistas que se alimentaram do "mundo cão", Jacinto sempre enfrentou rejeição e preconceito no meio, sem conseguir acumular prestígio nem capital político. Viveu na periferia do mundo das celebridades e se tornou, ele próprio, um personagem de jornais e programas de TV sensacionalistas.

Jacinto fixou-se em Carlos Massa, o Ratinho, como o seu grande imitador, a figura que teria sugado o que tinha de melhor. Em todas as entrevistas que deu nos últimos anos de vida, reclamou disso. E há, de fato, muitos pontos em comum na atuação dos dois apresentadores, mas são as diferenças que ajudam a entender o que deu errado para o Homem do Sapato Branco. No retrato biográfico que traço dele, mostro que Jacinto foi um "outsider" que nunca conseguiu (ou tentou) se articular e estabelecer laços com o poder, seja no universo da televisão, seja na política. Ratinho, como se sabe, também de origem simples, se tornou um grande empresário, hoje dono de dezenas de negócios, e um de seus filhos, usando o nome do pai, Ratinho Júnior, seguiu carreira política e elegeu-se governador do Paraná.

É fácil constatar que tanto as qualidades quanto os defeitos de Jacinto foram copiados ou incorporados por outros apresentadores e terão impacto em inúmeros programas nas décadas seguintes. Há traços do personagem Homem do Sapato Branco no moralismo de Luiz Carlos Alborghetti, e em muitos que vieram depois dele, como Ratinho, Datena, Marcelo Rezende, Luiz Bacci e Sikêra Jr., apresentadores de programas jornalísticos que se aproximaram do público defendendo a violência policial e ironizando os defensores dos direitos humanos. Há também a digital de Jacinto em inúmeros programas com presença de público, como *O Povo na TV* e o de Márcia Goldschmidt, em décadas passadas, e também em *Casos de Família*. Assim como *O Homem do Sapato Branco*, estes foram acusados de forjar situações para expor em público rixas e desentendimentos da esfera da vida privada. Cabe lembrar ainda que Celso Russomanno e tantos outros "indignados" que vestiram a capa de "defensores do povo", com postura agressiva, colocando o microfone na cara dos "exploradores", também carregam no DNA características de Jacinto.

Este livro realça a história de alguns programas populares e a presença do sensacionalismo na TV brasileira. É um naco importante da programação, com efeitos que reverberam em muitas direções. Há muita coisa a condenar em atrações como *O Homem do Sapato Branco*, e faço isso, mas não é possível deixar de apontar o preconceito de setores da elite com essa programação e o incômodo que causa a determinados grupos o excesso de povo na TV. A história de Jacinto me interessa também, em particular, pela mistura de jornalismo com entretenimento que ele desenvolve. Ao contrário da grosseria de Dercy Gonçalves, do sentimentalismo de J. Silvestre e de Moacyr Franco, dos exageros de Chacrinha e Flavio Cavalcanti, todos considerados pioneiros na chamada programação "popularesca", Jacinto abriu uma porteira que causa mais danos do que qualquer outra porque sempre se apresentou como alguém que supostamente mostrava a verdade "nua e crua". Como veremos, não foi bem assim.

1.
"Esta É a Sua Vida"

Homem de poucos amigos e família pequena, Jacinto Figueira Júnior tem uma história de certa forma comum a tantos filhos de imigrantes no início do século XX, cujos pais cruzaram o Atlântico em busca de chances para prosperar. Conforme registrado pela própria memória e a de alguns poucos parentes, os seus primeiros 33 anos resumem a trajetória de um homem inquieto, mas indeciso sobre qual rumo tomar. Não há muitos registros públicos desse período que antecede o início de sua carreira na televisão. Posteriormente, apesar da fama alcançada a partir da década de 1960, nunca foi seguido ou visto como uma celebridade pelas revistas e jornais da época. Não merecia o tratamento de estrela, como outros apresentadores e atores-galãs da época. Alcançou, no máximo, o status de figura folclórica nas páginas de publicações como os jornais *Notícias Populares* (SP) e *Luta Democrática* (RJ). Jacinto não deixou memórias escritas e os seus contemporâneos ainda vivos têm pouco ou nenhum conhecimento de detalhes sobre a sua infância e formação. Muito do que se sabe tem por base as informações coletadas junto a parentes para a realização do quadro "Esta É a Sua Vida", parte do programa *Show sem Limite*, apresentado por J. Silvestre no SBT entre 1981 e 1983.[1]

---

[1] Após a saída de Silvestre, em abril de 1983, o programa foi comandado brevemente por Murilo Néri e depois por Sérgio Chapelin, até maio de 1985, quando saiu do ar. [Esta e as demais notas de rodapé são do autor.]

Cópia de um quadro que fez muito sucesso na TV norte-americana,[2] "Esta É a Sua Vida" foi exibido na TV Tupi ainda na década de 1950 e passou por vários canais, consagrando Silvestre como apresentador. Para os mais jovens, que não têm a referência, trata-se de uma espécie de "pai" do quadro "Arquivo Confidencial", exibido a partir dos anos 1990 e que se tornou uma marca do programa *Domingão do Faustão*, apresentado por Fausto Silva, na Globo. Ambos obedecem a um mesmo princípio: uma pessoa famosa é homenageada por figuras que a conheceram em diferentes etapas da vida e da carreira. Como o norte-americano Ralph Edwards fazia em *This Is Your Life*, Silvestre narrava passagens da vida do homenageado carregando nas tintas, com o objetivo explícito de levá-lo às lágrimas. E emocionar também o espectador, claro. Para aumentar a carga de emoção, as pessoas citadas pelo apresentador entravam no palco e abraçavam o protagonista da noite, sentado numa poltrona.

Jacinto foi o centro do "Esta É a Sua Vida" em 1982, último ano em que apresentou *O Homem do Sapato Branco*. Usava, como sempre, os sapatos brancos, e vestia um blazer mostarda e uma camisa azul. Tinha 55 anos e parecia bastante abatido no dia da gravação.[3] No ano anterior havia passado por uma cirurgia cardíaca grave, que o deixou afastado do SBT por alguns meses. "O que tem sofrido esse homem... Que calvário tem sido a sua vida", diz Silvestre. "Essa vida que começou no dia 4 de dezembro de 1927, na rua Casimiro de Abreu, e depois na rua Imbaúba, número 56, também no paulistaníssimo bairro do Brás", avança o apresentador.

---

2 *This Is Your Life*, transmitido inicialmente na rádio NBC, de 1948 a 1952, e posteriormente na televisão, pela mesma NBC, de 1952 a 1961. **3** Em junho de 2021, havia pelo menos duas cópias não oficiais desse episódio do programa disponíveis no YouTube.

Célebre reduto de imigrantes italianos, o Brás é um bairro localizado na região central de São Paulo, a leste do centro histórico. Faz fronteira com o Pari, outro bairro industrial, que recebeu milhares de imigrantes italianos, mas também portugueses e espanhóis nas primeiras décadas do século XX. Para Jayme Antônio Ramos, que dedica tempo e trabalho à preservação da memória do bairro, Jacinto foi um dos mais ilustres moradores do Pari, e não do Brás, como dito no programa de Silvestre. Jayme mantém há anos o blog Histórias do Pari. E assegura: "Pariense de quatro costados, Jacinto Figueira Júnior nasceu e foi criado no nosso bairro, que ele tanto amava". A rua Casimiro de Abreu, explica, começa no Brás e termina no Pari. E a família de Jacinto morava nesta segunda parte da rua.

Imigrantes portugueses, da ilha da Madeira, Jacinto Figueira e Isabel da Conceição Figueira tiveram dois filhos, Valdemar, o mais velho, nascido em 1925, e Jacinto Júnior, nascido dois anos depois. Em São Paulo, o chefe da família ganhava a vida como empreiteiro de obras, dono de uma firma de tamanho médio (chegou a ter quarenta funcionários), e a mãe era dona de casa. O chefe da família morreu em 1944, em consequência de um derrame cerebral. Os filhos tinham dezenove e dezessete anos, respectivamente, mas não ficaram desamparados. O pai era dono de algumas casas no bairro, que garantiram para a família uma renda mensal com aluguéis. Por tudo que se sabe, Jacinto e Isabel proporcionaram uma infância sem maiores dificuldades aos filhos. Jacinto Júnior, por exemplo, estudou em um dos poucos colégios particulares do bairro, o Liceu Acadêmico São Paulo, perto da casa onde morava, também no Pari. De uma geração posterior a Jacinto, o médico Drauzio Varella, nascido em 1943, conta que só os filhos dos imigrantes mais instruídos estudavam nas escolas particulares do bairro, o Coração de Jesus, de padres salesianos, e o Liceu Acadêmico São Paulo.

O nome de Jacinto foi registrado com "th", como o do pai, mas ele excluiu o agá ao longo da carreira como artista e apresentador de televisão. Em outros registros, como no Tribunal Regional Eleitoral, na Assembleia Legislativa de São Paulo (Alesp) e em alguns documentos do Serviço Nacional de Informações (SNI), por exemplo, aparece a grafia oficial (Jacintho). Outra curiosidade: na ficha da escola seu nome está grafado como "Jacintho Figueira Filho", e não "Júnior", como em todos os demais registros conhecidos.

Além de "pariense fanático", como diz Jayme, Jacinto era torcedor do Corinthians. Ele é de uma geração de filhos de imigrantes portugueses que abraçou o alvinegro, e não a Portuguesa, fundada em 1920. Aliás, o Canindé, bairro onde o clube da comunidade portuguesa ergueu o seu estádio, em 1956, é vizinho do Pari e do Brás. Vinte e dois anos mais novo do que Jacinto, Jayme não foi amigo do apresentador, mas conheceu muitos contemporâneos dele que permaneceram no Pari. São os representantes de uma época de boemia e malandragem, mas também de muita pose. "É uma turma que fazia o tipo malandrão, falando devagar, arrastando as palavras", diz o pesquisador, imitando o jeito de Jacinto. Outro morador ilustre do bairro, e com esse mesmo perfil, foi o cantor Nelson Gonçalves. Nascido em Santana do Livramento (RS), foi criado em São Paulo, no Pari (e não no Brás, como muitos dizem).

A mãe Isabel ainda estava viva quando Jacinto foi homenageado no quadro "Esta É a Sua Vida". Ela sofria de Alzheimer e andava com dificuldade. O irmão Valdemar também compareceu, com a mulher e a filha Miriam (o outro filho, Helvio, não foi). "Você deu trabalho a esse irmão, hein, Jacinto. Quando você fugia de casa, desaparecido na poeira das estradas, atrás dos circos que deixavam o Brás. Era esse irmão que ia buscá-lo num trabalho de detetive particular, levantando a sua pista.

Você se lembra dos tempos de moleque? Dessas aventuras de cigano fujão?", perguntou Silvestre.

O apresentador se refere a uma situação que, tudo indica, é resultado do impacto que a morte do pai causou no então adolescente Jacinto. Ele gostava muito de cantar e, numa fase conturbada após a perda do pai, resolveu viajar com um circo que passou pelo bairro. A família ficou desesperada com o sumiço do caçula, que ainda não tinha completado dezoito anos. "Jacinto foi de circo em circo, de cidade em cidade, cantando. Naquele tempo, não tinha celular, não tinha telefone, não tinha nada. Você imagina, vamos cantar em Jacareí, depois ia para Taubaté. Às vezes, ele sumia. Meu pai ia atrás", conta o sobrinho Helvio Figueira. "Ele fugia e meu pai, com radioamador, tentava localizá-lo pelo interior de São Paulo. Ele era menor de idade. Meu pai se tornou o pai dele. Ele era muito sentimental, demasiadamente", acrescenta Miriam. Valdemar viveu no Pari até 1966. Trabalhou em laboratórios farmacêuticos e teve uma distribuidora de remédios em São Caetano do Sul, na região metropolitana de São Paulo. Morreu em 2002. Seus filhos, Helvio, nascido em 1951, e Miriam, de 1955, são também herdeiros do tio, que nunca casou nem teve filhos.

Jacinto era católico praticante. Ao menos disse isso em várias ocasiões. A explicação está, como se pode imaginar, na formação familiar. Foi coroinha na igreja Santo Antônio do Pari e ajudava nas missas de frei Lucio. Segundo a família, havia um outro coroinha, que insistia para que ele seguisse a carreira eclesial. Trata-se de frei Agostinho Salvador Piccolo, um conhecido e muito querido religioso da ordem dos franciscanos, amigo de d. Paulo Evaristo Arns e corintiano fanático.

Jacinto concluiu seus estudos no Colégio Paulistano e, segundo um currículo que consta nos arquivos dos Diários Associados, fez ainda um curso técnico de direito concluído em 1957, em Bragança Paulista, uma pequena cidade a 85 quilômetros de São Paulo. Já adulto, ele sempre se apresentou como "radialista" — e é qualificado assim em todos os lugares por onde passou, inclusive na Alesp e no Departamento de Ordem Política e Social (Dops), onde foi mantido preso. Não encontrei nenhuma menção dele, ou a seu respeito, sobre ele ter formação em direito. Com certeza, não chegou a ter o registro de advogado nem exerceu a profissão. Miriam assegura que Jacinto ia três vezes por semana à faculdade. "Já existia o negócio de fazer o exame da OAB, mas ele não se ligou nisso. Meu pai cobrava. Era para ter um diploma. Mas não era o que ele queria. Ele queria rádio", conta a sobrinha.

Jacinto gostava de cantar e fez algumas tentativas mais sérias, além das experiências com amigos, de se apresentar como cantor. Vivia-se a "era do rádio" e o que não faltavam eram programas de calouros. Apenas cinco anos mais velho, J. Silvestre dizia se lembrar da participação de Jacinto na *Peneira Rhodine*, um célebre programa de calouros que comandou em 1946, na Rádio Cultura. Como era comum, a marca do patrocinador, um medicamento ("a boa enfermeira para dor, gripe, resfriados"), acabou batizando a atração. "Você se lembra daqueles tempos? Júnior e seus Cowboys. O crooner era você."[4] À frente de Júnior e seus Cowboys, Jacinto imitava o norte-americano Roy Rogers, que fez fama como cantor de música country e ator de westerns. Uma foto amarelada registra a formação do quinteto. Todos se vestem de camisa e calça brancas, botas pretas, chapéu de caubói e lenço em torno do pescoço. O crooner está no centro da imagem, cercado pelos músicos Dioguinho (acordeão) e Adolfo (percussão), que aparecem à direita, e Jose Sotta (violino) e Ditinho (violão), à esquerda, na formação original do conjunto. Superada essa onda, Jacinto

---

4 A *Peneira Rhodine* ficou no ar por quase três décadas, a partir de 1937, e teve vários apresentadores.

também imitou os norte-americanos Al Jolson, Frank Sinatra e Bing Crosby, segundo contou em várias entrevistas. Suas imitações não faziam feio. Ao menos era o que ele dizia. Chegou a ser apresentado na Rádio Cultura como "o êmulo de Al Jolson" e respondia aos elogios falando "muitcho obrigado", com sotaque, fingindo ser um norte-americano legítimo.

Jacinto contou que a experiência na *Peneira Rhodine* o levou a ser contratado por Manoel de Nóbrega para trabalhar no *Cirquinho do Simplício*, outro programa na mesma rádio Cultura. A referência é importante para localizar a época em que ele estava tentando a carreira musical. A atração teve vários apresentadores, mas Nóbrega assumiu no final de 1946. O programa, diário, ia ao ar às 17h30 e contava também com a participação do próprio cômico Simplício, entre outros radialistas. É dessa época, contava, a gravação de um disco com duas canções country, "A valsa do vaqueiro" e "Vale do rio Vermelho".

Ainda na segunda metade da década de 1940, Jacinto viveu a sua maior aventura como imitador de cantores norte-americanos. Ele tinha vinte anos quando decidiu tentar a sorte no Rio de Janeiro. Um amigo que o acompanhou na viagem procurou Oscar Ornstein, que produzia os shows do Copacabana Palace, e disse que um famoso cantor norte-americano, chamado Clay Williams, estava de férias no Brasil. Mostrou uma foto de Jacinto vestindo um smoking alugado, numa pose turística em algum ponto do Rio, e conseguiu convencer o produtor a escalá-lo para algumas apresentações no hotel, cantando o repertório de Sinatra, Crosby e Jolson. Para sustentar a mentira, Jacinto criou um tipo, um artista temperamental, que não falava com ninguém, exceto com seu empresário. "Eu fazia um tipo eclético de Kansas City e na verdade morava numa biboca no Flamengo. Ia enganando nessa de que falava inglês, porque eu não falava nada, decorava as músicas e só", contou. O esquema desandou depois de algumas poucas apresentações, quando uma camareira "abelhuda" ouviu uma conversa entre o suposto Clay Williams e seu empresário em bom português. O produtor ficou furioso, mas não quis, segundo Jacinto, expor a farsa. Ele preferiu inventar que o cantor tinha ficado doente e voltara para os Estados Unidos. Na verdade, Jacinto retornou para São Paulo.

Segundo Silvestre, "de calouro teimoso, Jacinto conseguiu se transformar em tímido e modesto profissional do canto". O fruto maior dessa carreira como cantor é a canção sertaneja "O charreteiro", gravada em 1959 com Portinho e sua Orquestra. Uma música de Antoninho Lopes e José Guimarães:

Na minha charrete, vai morena, vai mulata,
vai loirinha, vai mulher de toda cor
E com o chapéu de couro duro
quando eu passo todos gritam
charreteiro do amor
Vai cavalinho bom
vai pela estrada além
nesta noite enluarada
me leva pela estrada
vou juntinho do meu bem

A canção, melosa e grudenta, fez sucesso em um programa de Silvio Santos, na Rádio Nacional, no quadro "Sobe e Desce", no qual os ouvintes opinavam se a música deveria continuar a ser tocada ou substituída por outra. Trata-se do principal registro musical deixado por Jacinto.[5] Mostra que ele, de fato, dominava o ofício, mas não tinha mesmo um talento especial. Não à toa, ele próprio reconheceu que precisava encontrar outros rumos. "Eu percebi que cantando não resolvia a minha vida",

---

5 Algumas gravações de "O charreteiro" estão disponíveis no YouTube.

disse em 1992, revendo a sua trajetória inicial. Após mais de uma década nessa vida incerta, no final dos anos 1950 Jacinto deu uma guinada profissional e foi tentar a vida como corretor de imóveis. Segundo a sobrinha Miriam, andou por Brasília, ainda em construção, tentando negociar terrenos. Dizia que havia obtido grandes resultados, mas a verdade é que também não deu muito certo nesse ramo e voltou mais uma vez a São Paulo. Em 1960, foi contratado como corretor de publicidade para a recém-criada TV Cultura, pertencente às Emissoras Associadas. Esse novo trabalho, afinal, mudaria a sua vida.

2.
O mito da "fase elitista" da TV

Para entender o contexto das primeiras experiências de Jacinto Figueira Júnior na televisão, na TV Cultura, é preciso levar em conta, inicialmente, o baixíssimo alcance da nova mídia nesses primórdios. Quando a TV Tupi foi inaugurada, em setembro de 1950, havia apenas duzentos aparelhos de televisão no país. O preço de um televisor, então, era três vezes maior que o do melhor rádio no mercado. Em 1952, quando começou a funcionar a TV Paulista, já havia 11 mil aparelhos. Dois anos depois, já com a Record no ar, o número de televisores era de 34 mil. Em 1960, ano em que Chateaubriand inaugurou a TV Cultura, o total de aparelhos alcançava 598 mil. Em 1965, um aparelho portátil de televisão custava o equivalente a duzentos dólares (ou, em valores de hoje, 1,7 mil dólares, ou 8,5 mil reais).[1]

Esses números ajudam a explicar por que se convencionou circunscrever a primeira fase da televisão brasileira ao período entre 1950 e 1964 e classificá-la como "elitista". É o tempo em que os canais apostam em teleteatro, adaptações de peças da melhor dramaturgia mundial para a televisão. E não só. Concertos musicais, espetáculos de balé e até óperas encontram espaço na programação. A grande maioria dos estudos sobre televisão aceita essa classificação sem questionamentos, sugerindo haver uma conexão natural, automática, entre ser rico e

[1] Dados retirados do livro de Sérgio Mattos, *História da televisão brasileira*. Petrópolis: Vozes, 2010.

ter um gosto cultural mais refinado. É verdade que os aparelhos de televisão estavam instalados nas residências da parcela mais abonada da população, mas também havia farto investimento em atrações populares, bem longe do que se poderia chamar "programação cultural".[2]

Ao ler a revista *O Cruzeiro* da década de 1950, o pesquisador João Freire Filho confirmou que a lista de atrações populares e, às vezes, apelativas é enorme já na primeira década de vida da TV. Ele cita, entre outros, *Alô Doçura* ("o mais romântico programa da televisão"), *O Direito e a Mulher* ("um júri para a defesa dos problemas emocionais femininos"), *Kedley e Você* (uma versão do norte-americano *Esta É a Sua Vida*) e *Tribunal do Coração* (em que um júri popular avaliava as "chamas que tecem o mundo dos conflitos sentimentais"). Um programa chamado *Mesa-Redonda do Vídeo*, em fevereiro de 1952, emocionou o público ao mostrar "crianças aleijadas e o seu arrimo, a muleta". Segundo o Ibope, em setembro de 1955, os programas mais vistos na TV eram futebol, *Circo Bombril* e *Amaral Neto Comentando*.

Essa oposição entre programação "culta" e "popular" ainda nos primórdios da televisão pode ser mais bem compreendida levando em conta também o conflito entre profissionais oriundos do teatro e do rádio. Os primeiros formavam uma espécie de elite em oposição aos do segundo grupo, menos prestigiados e com status inferior. Sem o conhecimento acumulado necessário para se aventurar pelo campo do teleteatro, esses profissionais do rádio vão se aproximar do que eles

---

[2] Acompanho aqui os estudos de João Freire Filho, em especial "Memórias do mundo cão: Cinquenta anos de debates sobre o 'nível' da TV no Brasil". In: Milly Bounanno; Maria Immacolata Vassalo de Lopes (Orgs.). *Comunicação social e ética*. São Paulo: Intercom, 2005.

imaginam ser assuntos de maior interesse do espectador,[3] ajudando a criar as bases de uma programação menos elitista.

Para entender os caminhos que a TV brasileira seguirá nos anos 1960, não é possível perder de vista esse conflito gerado pela desigualdade entre origens sociais e posições ocupadas pelos profissionais da indústria nascente. Isso ficará claro na transição do teleteatro para a telenovela, e na preponderância dos profissionais provenientes do rádio. É desse conflito que começa a nascer o profissional de televisão. As figuras do rádio podiam não ter o prestígio da turma do teatro, mas acabaram dominando os recursos técnicos que eram próprios da televisão, em especial o uso da câmera. Por sua origem social e trazendo a experiência malsucedida como cantor, Jacinto se filiará claramente à turma do rádio que está dando seus primeiros passos na televisão. Além disso, encontrará na recém-criada TV Cultura um espaço e uma liberdade que dificilmente teria em uma emissora já constituída.

---

[3] Sigo aqui a análise do sociólogo Alexandre Bergamo, "A reconfiguração do público". In: Ana Paula Goulart Ribeiro et al. (Orgs.). *História da televisão no Brasil*. São Paulo: Contexto, 2010.

# 3.
TV Cultura: "A pior emissora de São Paulo"

Quem ouve pela primeira vez que Jacinto Figueira Júnior começou a carreira na TV Cultura deve arregalar os olhos. Como assim? Mundo cão em um canal de caráter educativo mantido com recursos do governo de São Paulo? Não. Muita gente não sabe que o canal 2 foi, originalmente, um empreendimento privado, do grupo Diários Associados.

Dono da primeira emissora de televisão no país, a Tupi, canal 3, inaugurada em 18 de setembro de 1950, Assis Chateaubriand conseguiu a concessão de um segundo canal em São Paulo em 1958. O grupo queria, em particular, a faixa do canal 2 por entender que seria benéfico ficar com os dois primeiros canais do seletor (o 2 e o 3), antes da TV Paulista (5) e da TV Record (7). Os testes, porém, mostraram que haveria interferência nos sinais. Assim, na data marcada para a inauguração da TV Cultura, 20 de setembro de 1960, a Tupi deixou de ser canal 3 e virou canal 4 (essa faixa era mais "longa" e não produzia interferência com o 5). A emissora foi apresentada ao paulistano com um slogan promissor: UM VERDADEIRO PRESENTE DE CULTURA PARA O POVO. Logo, porém, ficaria claro que se tratava de uma frase de efeito, que ficou apenas na intenção, assim como a promessa de ser "uma trincheira para a defesa dos direitos humanos".

Desde 1959 o grupo Diários Associados era dono também da conhecida Rádio Cultura, daí a escolha do mesmo nome para o canal. Fundada em 1936 por Cândido Fontoura (do

Biotônico Fontoura), a rádio mudou de mãos algumas vezes até ser adquirida pelo conglomerado de Chatô. A inauguração da TV Cultura ocorreu num momento ambíguo da administração dos Diários Associados. Por um lado, o grupo estava no apogeu do seu processo de expansão. Entre fevereiro de 1960 e dezembro de 1961, treze novas estações de TV foram inauguradas pelo país. Por outro lado, o império de Chatô já dava vários sinais de que estava inchado e mal administrado. Dívidas se acumulavam e, pela primeira vez, alguns jornais foram vendidos. Essa situação vai se refletir na curta história da TV Cultura sob administração dos Diários Associados. O canal era o "primo pobre" da Tupi em matéria de recursos. Começou com um estúdio de trinta metros quadrados instalado no 15º andar de um prédio na rua Sete de Abril, no centro de São Paulo — o mesmo estúdio onde a TV Tupi iniciou suas transmissões.[1] Os técnicos e os atores eram da TV Tupi. A antena no alto do Banespa (Edifício Altino Arantes) era a antiga antena da TV Tupi.

Em 28 de abril de 1965, um curto-circuito provocou um incêndio no estúdio da TV Cultura. Além dos enormes prejuízos materiais, perdeu-se uma relíquia da história da televisão: a primeira câmera de TV do país, utilizada na inauguração da Tupi (uma câmera TK-30 de oitenta quilos). Devido ao incêndio, os programas da Cultura foram provisoriamente produzidos em um estúdio da Tupi no Sumaré. No ano seguinte, parte da produção da emissora se mudou para o prédio da Rádio Cultura, na avenida São João, e outra parte se instalou num novo complexo na Freguesia do Ó.

Essa história atribulada e de parcos investimentos, somada à piora da saúde financeira dos Diários Associados, levou à

[1] Nesse mesmo prédio funcionavam outros veículos dos Diários Associados, como as redações do *Diário da Noite* e do *Diário de São Paulo*, além da sucursal paulista da revista *O Cruzeiro*, a oficina gráfica dos jornais e também o Museu de Arte de São Paulo (Masp).

venda da TV e Rádio Cultura para o governo do estado de São Paulo, no final de 1967, por 3,4 milhões de cruzeiros novos, o equivalente, em janeiro de 2023, a cerca de 60 milhões de reais. Com apenas sete anos de vida, o canal saiu do ar imediatamente após a conclusão do negócio e só voltou, sob nova administração, em 15 de junho de 1969.

Foi nessa TV Cultura que pouca gente levava a sério, repleta de problemas e limitações, que um vendedor de anúncios se tornou apresentador do programa de maior sucesso na curta história da primeira fase do canal. "Era na época uma emissora pobre, com pouquíssimos recursos técnicos, num estúdio acanhadíssimo na rua Sete de Abril", recorda-se Mário Fanucchi, que em 1963 se tornou diretor artístico do canal. Era "a pior emissora de São Paulo, só funcionava das sete às dez da noite e não pegava nem na Lapa", disse Jacinto, exagerando um pouco, ao lembrar o início da carreira. O sucesso de *O Homem do Sapato Branco* na TV Cultura será sempre lembrado com sinal invertido, como prova do discurso vazio da cúpula dos Diários Associados, que prometeu, na estreia, a defesa dos direitos humanos e uma programação cultural de qualidade. O poeta concretista Décio Pignatari, que entre 1978 e 1980 manteve uma coluna sobre televisão no *Jornal da Tarde*, em São Paulo, recordou-se da imagem que tinha da emissora: "Se não estou em erro, era um tempo em que a Tupi possuía dois canais em São Paulo, o 4 e o 2. O primeiro era o canal normal da Tupi; o segundo, um extra, um faixa-azarão, uma excrescência, um mero acidente do seletor que simplesmente ninguém sintonizava".

4.
Câmeras Indiscretas: "Quase São Paulo inteiro estremeceu de emoção"

Num canal de televisão que estava longe de ser a prioridade dos Diários Associados, a economia de recursos vinha de cima. Nos primeiros anos, José Duarte Jr. acumulava as funções de diretor comercial e artístico da TV Cultura, uma aberração do ponto de vista organizacional. Mas foi graças a essa duplicidade de funções do chefe que Jacinto Figueira Júnior, contratado para atuar como corretor de anúncios de publicidade, se tornou apresentador de televisão. Vivendo à sombra da "irmã mais velha" (Tupi), a Cultura oferecia a possibilidade ideal para riscos, experimentações e improvisações. E Jacinto, a julgar pelas lembranças de Mário Fanucchi, tinha o perfil ideal para trabalhar num ambiente com essas características. "Ele tinha muita iniciativa. O pessoal recorria a ele em busca de ideias também. Porque ele tinha muitas ideias. E eram ideias muito práticas", conta.

Duarte Jr. seguramente percebeu o potencial do seu vendedor de anúncios e, ainda em 1961, convocou-o para trabalhar não apenas na área comercial, mas também na produção de programas. O nome de Jacinto está creditado como produtor de um dos maiores sucessos de audiência da história da TV Cultura: a transmissão de uma cirurgia de transplante de córnea, realizada no Hospital do Exército em outubro daquele ano. Até o fim da vida, Jacinto se referiu a esse feito alcançado logo no início de sua carreira. Ele dizia, com o costumeiro exagero, que o programa registrara média de 82 pontos no Ibope:

Eu tenho o Ibope em casa, eu guardei. Foi uma reportagem: o transplante da córnea. Nem os Estados Unidos tinham mostrado. Eu tive uma grande campanha publicitária. *Diário da Noite*, *Diário de São Paulo* fizeram grandes manchetes a respeito daquilo que ia ser apresentado. Foi meu erro, meu grande erro. O dr. Mauro Moura Gonçalves, que era diretor (administrativo), me chamou. "Jacinto, você viu o Ibope?" "Não." Ele: "Teu grande erro. Porque agora você vai ter inimigos. Vai criar inimigos a dar com o pau, rapaz!".

Em 6 de outubro de 1961, ao anunciar a reprise do programa na primeira página do jornal, o *Diário da Noite* informou: "Meia São Paulo pediu que Deus, pela mão dos homens, devolvesse a visão à menina". Meia São Paulo? Não é exatamente uma medição de audiência, mas um indicador do interesse despertado pela exibição. "Diante dos telespectadores, de novo, a grande e emocionante luta da ciência para a recuperação da vida dos olhos de uma criança cega. No Hospital do Exército de São Paulo, o 'milagre' aconteceu." Na página 2, o jornal fala "do palpitante interesse despertado pela reportagem" e dá mais detalhes sobre a audiência: "Quase São Paulo inteiro estremeceu de emoção assistindo àquela reportagem, fazendo votos para que Deus, pelas mãos dos homens de ciência, devolvesse à menina o bem precioso da visão. Foram ouvidos. E a reprise do feito, no canal 2, domingo próximo, já anunciará o resultado confortador".

A série "Quanto vale a sua saúde" foi o ápice de um investimento feito pela Cultura, com participação de Jacinto, ao longo de todo o segundo semestre de 1961. Foram exibidas ao menos seis grandes reportagens detalhando procedimentos cirúrgicos, tratamentos e fabricação de remédios. "Magnífica cobertura da dramática luta da ciência em busca de armas para derrotar as enfermidades", nas palavras da publicidade interna dos Diários Associados.

Após alguns trabalhos esporádicos, Jacinto foi escalado para ser o produtor de uma nova atração que a Cultura iria lançar em janeiro de 1962. Apresentado por Heitor Augusto Rigo,[1] *Câmeras Indiscretas* foi anunciado como um programa jornalístico que se propunha a aprofundar "os mais proibidos assuntos", como informava Nilton Nascimento, que assinava a coluna Rádio e TV no *Diário da Noite*. Ao contrário de tantas atrações adaptadas do rádio, ou do teatro, *Câmeras Indiscretas* foi criado especificamente para a televisão, algo ainda incomum naqueles primeiros anos.

O programa já nasce com um patrocinador (o Hospital Independência), arranjado pelo próprio Jacinto. O cineasta Clery Cunha,[2] então dando os primeiros passos no mundo do audiovisual, diz que sempre se impressionou com a "impetuosidade" dele, a vontade que ele tinha de mostrar a realidade das ruas. "Jacinto queria fazer cinema na TV." Começava a florescer a ideia de fazer programas na rua, longe do estúdio. E o então produtor foi um dos primeiros e mais audaciosos a levar essa ideia adiante. "Ninguém queria ser produtor do Jacinto. Ele queria batidas policiais, tiro de verdade. Já imaginou?", conta Clery.

Embora programado para ocupar a grade entre as 22 e as 23 horas das sextas-feiras, a estreia de *Câmeras Indiscretas* ocorreu excepcionalmente num domingo, 21 de janeiro. Questão

---

[1] Paulista de Santa Rita do Passa Quatro, Heitor Augusto Rigo (1932-2013) trabalhou também no jornalismo da TV Excelsior, entre 1963 e 1966, nas rádios Record e Bandeirantes, e foi diretor de jornalismo da Tupi, em 1979. Na década de 1980, foi comentarista do *Record em Notícias* e apresentou *Telex do Consumidor*, um programa voltado para a defesa dos direitos do consumidor.

[2] Cineasta e ator (1939-), um dos nomes lendários da chamada Boca do Lixo, um polo de produção cinematográfica que agitou o centro de São Paulo entre as décadas de 1960 e 1980, Clery Cunha dirigiu, entre outros, *Eu faço... Elas sentem* (1975), com Antônio Fagundes; *O outro lado do crime* (1979), com Gil Gomes e José Lewgoy; *Joelma 23º andar* (1979), com Beth Goulart; e *O rei da Boca* (1982), com Roberto Bonfim.

de prioridades. Na sexta, dia 19, a Cultura preferiu cancelar a estreia para exibir a gravação da vitória de Eder Jofre sobre o irlandês John Caldwell — por nocaute técnico no décimo assalto — ocorrida na véspera, no Ginásio do Ibirapuera. Não restam imagens conhecidas de *Câmeras Indiscretas*. Ao longo dos oito meses em que permaneceu no ar, poucos jornalistas se interessaram por ele. As principais referências que sobreviveram são os registros feitos pelo *Diário da Noite* que, como a TV Cultura, era parte do conglomerado Diários Associados. Dando um desconto aos adjetivos elogiosos, a cobertura do vespertino paulista retrata passo a passo a iniciação de Jacinto Figueira Júnior no mundo da televisão.

Nas primeiras semanas, o programa se dedicou a explorar temas religiosos — outro filão importante na TV brasileira na década de 1960. O segundo episódio de *Câmeras Indiscretas* foi sobre "a maçonaria e seus ritos". A publicidade dizia que seria "a primeira vez no mundo que as câmeras de TV penetram nos templos maçônicos". Na semana seguinte, o assunto foi "a umbanda, seus ritos e sua crença, nos mais pitorescos e originais detalhes". No dia 2 de fevereiro, pela primeira vez, o nome de Jacinto foi mencionado nas páginas do *Diário da Noite*. Ele é creditado como "J. Figueiredo", responsável pela produção. No dia 9 de fevereiro, *Câmeras Indiscretas* registrou o seu primeiro grande sucesso de audiência. O tema é outro favorito dos programas de caráter sensacionalista: mediunidade. O episódio dedica-se a explorar os talentos do médium Zé Arigó, que incorporava o espírito do dr. Fritz, um médico alemão. O programa trouxe uma entrevista com o professor Cesario Morey Hossri, da Faculdade Católica de Filosofia de Campinas, que tratou Arigó como "um anormal que teve a capacidade de decorar os nomes de pouco mais de três ou quatro dezenas de medicamentos e os usa". O episódio foi tão bem, para os padrões da Cultura, que a emissora decidiu reprisá-lo na sexta-feira seguinte. Além de mostrar um vídeo sobre as operações de Arigó e outro com médicos realizando cirurgias semelhantes, o programa promoveu um debate com "médicos de renome", sob a vinheta: SOBRENATURAL? MISTIFICAÇÃO? Segundo informa o *Diário da Noite*, *Câmeras Indiscretas* se estendeu até as três da manhã de sábado.

Jacinto explorou tanto esse assunto, ao longo dos anos, que houve suspeitas de que estaria recebendo dinheiro por fora para isso. O jornalista Gualter Pereira Monteiro, de Congonhas do Campo, cidade de Arigó, denunciou em 1971, ao então ministro da Justiça, Alfredo Buzaid, que algumas conhecidas figuras da televisão eram pagas para promover o médium. O assunto foi parar na revista *Intervalo*, uma das que se dedicavam à cobertura de televisão na época. Óscar González Quevedo, conhecido como padre Quevedo, reproduziu em um de seus livros[3] a acusação de que Jacinto "recebia cheques semanais" da empresa de ônibus Ralux "para divulgar os 'feitos' de Arigó e os horários de ônibus de São Paulo para Congonhas". Quevedo teve vários embates na televisão, mediados por Jacinto, com Herculano Pires, jornalista que se destacou como divulgador do espiritismo e foi um dos fundadores do Instituto Paulista de Parapsicologia.

Perguntei a Clery Cunha se eles mostravam a realidade ou se encenavam as situações. "Na medida do possível, era real. Parte era encenada. Vamos acompanhar uma batida policial. Era de verdade mesmo." Mas nem sempre ele conseguia as imagens quentes, dos flagrantes. Uma das soluções era abrir a câmera e mostrar um plano geral, sem muita nitidez. Outro artifício, conta, era reconstituir as cenas. Conversei com Clery por videoconferência em junho de 2021. Estava com 82 anos, adoentado, mas lúcido, vivendo com a filha Lucienne em uma

---

[3] *O poder da mente na cura e na doença*. São Paulo: Edições Loyola, 1979.

casa na Ilha Comprida (SP). Repetidas vezes referiu-se a Jacinto como "um mito", uma figura por quem tinha muita admiração.

A gente olhava as fotos de quem estava na ação, que o *Diário da Noite* tinha feito. E eles já estavam presos. Eu reconstituía, com o [cinegrafista] Sabá Medeiros, colhendo imagens, com figurantes. "Você cobre o rosto." E a gente conseguia uma quase autenticidade do que tinha acontecido. Os investigadores eram os mesmos, os chefes de polícia eram os mesmos. A gente fazia esse tipo de reportagem como cenas reais.

Clery se recorda de outras cenas que criou fingindo serem reais para o programa *Câmeras Indiscretas*. Uma vez levou a câmera ao Cine Marabá, no centro de São Paulo, e encenou uma batida entre dois carros. Ensaiou exaustivamente a situação, a discussão dos dois motoristas e a movimentação dos carros. Eles não iam colidir de frente, mas apenas de raspão. Um motorista saía da vaga apressado e encostava seu carro no outro. "Mas você sabe que amassou mesmo? Se tornou real. Eles começaram a discutir", conta. Diante do Hotel Excelsior, também no centro, Sabá Medeiros participou de uma cena de abordagem a uma mulher. Clery gravou imagens do colega quase tirando a roupa da mulher. O programa avisava: "São cenas que vocês vão ver em São Paulo". Na praça da República, encenou uma briga com quatro pessoas. "Quem ia brigar? Eu e outras pessoas da equipe", diz ele. Diante de um banco, filmou dois jovens roubando a bolsa de uma senhora. Ela era atriz. "Falei: 'Não vou mostrar seu rosto. Corre atrás do trombadinha'. Depois a gente montava."

Em 2 de março de 1962, cerca de quarenta dias depois da estreia, Jacinto ganhou uma nota no jornal dos Diários Associados falando do sucesso do programa. Foi a primeira vez que se tornou tema de notícia:

É o produtor de *Câmeras Indiscretas*. Procurando inovar, dando ao telespectador visões amplas e detalhadas de assuntos que são sempre objetos de debates, idealizou o *Câmeras Indiscretas* que tanto sucesso vem alcançando. Nesse horário pretende apresentar, entre outros, os seguintes assuntos: ordenação sacerdotal, julgamento do crime de morte, salto em paraquedas, briga de galos e muitos outros temas.

A partir de março, para alegria do patrocinador, o Hospital Independência, *Câmeras Indiscretas* passou a investir em temas médicos. Primeiro, Jacinto produziu um episódio sobre "toxicômanos". O caráter e a linguagem moralistas já estavam presentes nesses programas iniciais. "Vamos mostrar a ação policial no combate ao vício e também os efeitos dos entorpecentes, como agem, seus sistemas de trabalho e outros fatos." Como se tornará comum em seu programa, o produtor abria espaço para um policial, Celso Teles, titular da Delegacia de Tóxicos, fazer "ampla explanação sobre o assunto".

Em abril, após receber "de vários telespectadores inúmeras sugestões para mostrar aspectos interessantes no campo da cirurgia", Jacinto exibe "uma intervenção cirúrgica motivada pela doença conhecida como glaucoma". Em julho vão ao ar mais dois programas com cenas de cirurgia: na primeira semana, um dedicado a uma operação do duodeno, para retirada de úlceras, e outro, no fim do mês, sobre "uma operação cirúrgica denominada enucleação visual". Novos anúncios do Hospital Independência, publicados no *Diário da Noite* e exibidos na TV, lembram que ele é "o mais completo hospital da América do Sul em oftalmologia, além de clínica e cirurgia geral". Essa coincidência entre os temas do programa e os interesses do anunciante não chegava a configurar uma novidade na época — nem hoje, diga-se. "Jacinto experimentava muita coisa, inclusive no relacionamento [com os anunciantes]. O pessoal que anunciava na Cultura fazia isso praticamente como uma recompensa pela boa vontade dele", conta Fanucchi. "Essa coisa não vendia muito, mas rendia facilidades, amizades. Ele era muito especial", diz o ex-diretor da Cultura, sugerindo que o vendedor oferecia vantagens e bonificações aos anunciantes.

Sem explicar aos espectadores o porquê, *Câmeras Indiscretas* deixou de ser exibido no final de setembro de 1962, ao completar oito meses no ar. Segundo Jacinto, o programa acabou por causa de uma mirabolante reportagem que gerou uma ação judicial. Ele contratou um ator para se fazer passar por um homossexual com a intenção de mostrá-lo seduzindo outro homem na porta de um hotel de luxo. As imagens que foram ao ar mostram o ator tentando seduzir um homem elegante, de terno, perto dos quarenta anos. "No dia seguinte vem o oficial de justiça me comunicando que eu estava sendo processado", contou. O homem filmado era um juiz e ameaçou processar o canal pela exposição da sua imagem.

5.
Um Fato em Foco: "Revelando fatos inenarráveis"

Sete meses depois do fim de *Câmeras Indiscretas*, em abril de 1963, Jacinto voltaria a estar por trás da criação de um novo programa, *Um Fato em Foco*, com os mesmos ingredientes do anterior, mas com um diferencial importante: ele já não dividia mais as atenções com o apresentador Heitor Augusto Rigo, que se transferira para a Excelsior. O programa era exibido toda quinta-feira, às 23 horas, e tinha apenas dez minutos de duração. Outra novidade importante era que desde o início do ano a Cultura passara a contar com um diretor artístico, Mário Fanucchi, um profissional experiente, que trabalhava em televisão desde 1950, quando a Tupi fora inaugurada. Jacinto agora era chamado de "produtor-repórter". E, além disso, continuava atuando como "contato" na área publicitária da TV Cultura, ou seja, continuava vendendo anúncios para o canal.

"Revelando fatos considerados inenarráveis através da televisão", como é anunciado, *Um Fato em Foco* explorava inicialmente, em mais de um episódio, a rotina de travestis que se prostituíam nas ruas de São Paulo. O tom das reportagens era de denúncia em chave moralista. Ou seja, Jacinto exibia imagens de forte apelo, atraía audiência e, num tom que se tornaria a sua marca, criticava o que estava mostrando. "Tivemos a oportunidade de assistir a um dos programas onde era abordada a escandalosa exposição de homossexuais que São Paulo assiste, diariamente, em suas ruas. 'Travestis' e outras aberrações, vistas com complacência por nossas autoridades", registra Nilton Nascimento no *Diário da Noite*. Em outra reportagem sobre "antros da noite paulista, frequentados por anormais", Jacinto apresentou um suposto casamento entre duas travestis. Ao descrever a reportagem, Nascimento observa: "Naturalmente, o fato foi registrado da forma mais discreta possível, mostrando aos telespectadores o problema em sua forma superficial e chamando a atenção de nossas autoridades policiais para o escândalo que diariamente perverte menores e escandaliza todo mundo, menos... a Polícia". A cobrança por repressão encontra eco e Jacinto logo exibe um programa sobre a chamada, nas suas palavras, "boca do crime", focalizando a ação policial das Rondas Unificadas do Departamento de Investigações (Rudi) junto a prostitutas em São Paulo.

Essas reportagens de rua exigiam esforço redobrado da equipe em razão da precariedade dos equipamentos. Antigas, pesadas e em número limitado, as câmeras restringiam as movimentações fora do estúdio. "Era muito difícil. Todo mundo tinha medo. A responsabilidade. Você tinha que assinar termo de compromisso. Porque uma câmera RCA Victor era muito cara na época. Quem era responsável? O produtor dos programas", relembra Clery Cunha. Fanucchi lembra que havia algumas divergências entre as áreas administrativa e de criação. Aos noventa e quatro anos, em agosto de 2021, ele me deu um depoimento gravado por sua filha, Marília:[1]

> O pessoal técnico penava muito com a forma administrativa de executar televisão. Certa vez, por exemplo, eu recebi um memorando informando que quebraram 82 garrafas numa cena tal, em que simularam uma briga. Então, eles cobraram as garrafas quebradas. Garrafas vazias. Coisas

[1] Mario Fanucchi morreu em 23 de agosto de 2022, aos 95 anos.

desse tipo. A administração puxando a orelha do gastador. Parecia uma mesquinharia pra gente. O artista não se incomoda se vai custar cinquenta ou sessenta reais a mais.

Como já havia feito em *Câmeras Indiscretas*, Jacinto apresenta em *Um Fato em Foco* mais um episódio sobre viciados em drogas, anunciado como um esforço no sentido de "romper as barreiras do sigilo para descobrir o odioso, o pérfido, a miséria, o crime, enfim, os males que sorrateiramente procuram destruir vidas". Em situações como essa é que começa a ser forjado o estilo agressivo, moralista e muitas vezes chocante do Homem do Sapato Branco. Diante de um rapaz de dezenove anos, o entrevistador pergunta: "Você é viciado?". Ele responde: "Não, eu era". Imbuído do papel de investigador, Jacinto contrapõe, constrangendo o entrevistado: "Era, não. Você foi pego há pouco tempo tomando uma picada. Mostra o seu braço", exige. E, indo além do que qualquer outro apresentador faria, Jacinto segura o braço do entrevistado e diz: "Estão vendo, telespectadores, as marcas ainda recentes no seu braço direito?".

Um dos pioneirismos de Jacinto se dá justamente na forma como aborda temas que envolvem a polícia. Em algumas reportagens, ele mostra situações extremas, expondo dramas sociais em tom apelativo e de denúncia. Mas, em vez de criticar a falta de investimentos do Estado em áreas essenciais, como saúde, educação, saneamento ou emprego, cobra uma presença maior da polícia. E em outras matérias, ele abre espaço para a exposição, de forma enaltecedora, das ações policiais. Esse estilo "morde e assopra" será imitado ad infinitum nas décadas seguintes, e até hoje.

Outro tema polêmico abordado no programa foi o aborto. Jacinto levou um médico conhecido seu, Siqueira Martins Ferreira, para falar sobre o assunto, e a situação quase acabou em tragédia. Hospedado em um hotel perto da rua Sete de Abril, onde ficava o estúdio, um homem se dirigiu ao local e, não se sabe bem como, subiu ao décimo andar, arrombou uma porta, chegou ao local da gravação e apontou um revólver para o médico. O apresentador se colocou na frente de Martins Ferreira e gritou, segundo contou: "O senhor não vai atirar em ninguém, porque sou responsável pelo programa e ele é meu convidado". O homem retrucou: "É, mas ele matou a minha mãe numa cirurgia e eu até o processei". O cidadão acabou desistindo de cometer o crime, foi contido e levado para uma delegacia.

Em 18 de julho, *Um Fato em Foco* promoveu novo choque ao exibir um episódio intitulado "O incesto", destinado a mostrar "anomalias provenientes da consanguinidade, o crime do casamento de parentes próximos que resultam em filhos deformados, verdadeiros monstros". Jacinto entrou com a câmera num hospital dedicado a crianças com deficiência para, nas suas palavras, dar uma lição ao público. "Vejam, senhores, os resultados de atos sexuais entre pais e filhas, ou entre irmãos e irmãs." O horror.

Duas semanas antes, em 4 de julho, o novo programa de Jacinto exibiu o seu episódio mais famoso: a operação cesariana. O filão das cirurgias, que a Cultura começou a explorar com o transplante de córnea ainda em 1961, e que aparecia com frequência na pauta do *Câmeras Indiscretas*, ajudou a subir a audiência do *Um Fato em Foco*. Segundo a atração, foi apenas a segunda vez na história que uma emissora de televisão exibiu imagens detalhadas de um parto feito por meio de uma cesariana, "filmada por conceituado médico de São Paulo". A primeira vez teria sido em Londres, em 1961. Vinte anos depois, no "Esta É a Sua Vida", que J. Silvestre apresentou no SBT em homenagem a Jacinto, o episódio da cesariana foi erroneamente citado como causador do fim de *Um Fato em Foco*. Disse Silvestre: "A transmissão de uma cirurgia de transplante de córnea bateu recordes de audiência. Mas foi a filmagem de uma operação cesariana que tirou definitivamente do ar aquele programa. Por que será? Uma operação cesariana mostrada, será que isso também é mundo cão? Bem, o fato é que o programa foi tirado do ar".

Silvestre se enganou ou quis carregar nas tintas, como fazia com frequência. Não há nenhum registro de que o programa *Um Fato em Foco* tenha sido tirado do ar nos doze meses seguintes à exibição da cirurgia. Ao contrário, o episódio da cesariana é louvado em várias reportagens dos Diários Associados como um programa bem-sucedido da TV Cultura, tendo ajudado *Um Fato em Foco* a ser líder de audiência na sua faixa horária. Jacinto menciona o episódio, em 1979, em sua defesa, ao ser questionado abertamente sobre a suspeita de que pagava cachê para figuras anônimas interpretarem papéis de miseráveis em seus programas. Ele nega a acusação e envereda pela promoção dos seus feitos:

> Quem apresentou pela primeira vez na televisão um transplante de córnea fui eu. Não paguei cachê para ninguém. Quem apresentou pela primeira vez na televisão uma cesariana fui eu — ou a cesariana não era verdadeira? Quem apresentou pela primeira vez uma operação extracorpórea, o que era um absurdo, para o veículo, fui eu. Então, pagava o quê? Paguei sim, e isso ninguém disse até hoje, pelo transplante da córnea da menina. Porque a mãe dela era uma senhora muito pobre: quem a operou foi o falecido dr. Bresser.

No final de setembro de 1963 o programa começou a ser exibido também no Rio de Janeiro, no canal 6, TV Tupi, do mesmo grupo. É a primeira vez que Jacinto ganha visibilidade na cidade. Na sequência, também ganha espaço em canais dos

Associados no Paraná. Outro sinal positivo é que, ao contrário do que ocorreu com *Câmeras Indiscretas*, que praticamente só teve um patrocinador, *Um Fato em Foco* exibiu diferentes anunciantes ao longo de 1963. A atração contou com o "prestígio publicitário", como se dizia então, de duas indústrias têxteis e de duas empresas de autopeças (uma delas existente até hoje, a Varga). Em 13 dezembro de 1963, o sucesso de Jacinto é coroado com uma nota na abertura da coluna de televisão do *Diário da Noite*, intitulada "Este sou eu", que o apresenta solenemente aos leitores do jornal, registrando com sinceridade que o programa apela para o "sensacionalismo". A matéria menciona ainda um outro episódio de *Um Fato em Foco* sobre travestis, mas dessa vez gravado no Rio. Reproduzo-a na íntegra.

> J. Figueira Jr. é o produtor do programa *Um Fato em Foco*, apresentado semanalmente nas televisões de São Paulo (canal 2), Rio (TV Tupi), Curitiba e Londrina. Os assuntos escolhidos são os mais sensacionais e chocantes possíveis, objetivo mesmo do programa. Entre muito sensacionalismo, Figueira tem-nos oferecido boas reportagens, como aquele filme sobre a operação cesariana, ou outros, divulgando assuntos médicos e sociais. Recentemente foi "currado" em Copacabana por oito mulheres ditas "paraíbas" porque havia apresentado em seu programa uma reportagem sobre uma boate carioca, reduto daquelas anormais.
>
> — Tem 34 anos de idade[2] e é solteiro. Nasceu em São Paulo.
> — Começou na TV pelas mãos de J. Duarte Jr., do canal 2, com reforço do dr. Mauro M. Gonçalves.
> — Anteriormente era publicitário. Ainda é contato do canal 2.

---

[2] Na verdade, tinha acabado de completar 36 anos.

— Seu hobby é visitar, todas as noites, os "inferninhos".
— *É apolítico.*
— Considera o *Moacyr Franco Show* o melhor programa de TV do momento.
— A chave para o sucesso, segundo sua opinião, é ter sorte, talento e oportunidade.

Pau para toda obra, Jacinto era chamado para fazer pequenos papéis em programas de ficção da Cultura. O primeiro foi uma ponta num episódio da série *Sombras do Terror*, que o canal exibiu aos sábados, durante alguns meses de 1963. A cada semana, era encenada uma peça com temática de terror, escrita por Fabio Romano com direção do ítalo-brasileiro Gaetano Gherardi. Também atuou brevemente nas novelas *O moço loiro* (1965), de J. Marcondes, e *O tirano* (1965), de Mário Fanucchi, ambas dirigidas por Dalmo Ferreira. O fato de convidarem Jacinto para essas participações é um indicativo interessante de que estava se transformando num rosto célebre, e tinha uma imagem positiva. Apesar do tom pesado dos programas que apresentava, era visto como um trunfo no canal.

Um Fato em Foco foi exibido de 1963 até junho de 1965. Um episódio de muito sucesso, apresentado em agosto de 1964, foi o intitulado "O cão matemático". Foi a primeira das muitas aparições do animal na televisão. Até Assis Chateaubriand, o dono do canal, se interessou pela performance. Sarampo era um dogue dinamarquês, cujo dono, Adolpho José de Aguiar, de Araxá (MG), o ensinou a fazer as quatro operações matemáticas. Aguiar perguntava quanto é dois mais dois e Sarampo respondia com quatro latidos fortes. Uma operação mais complexa, como quanto é cinco dividido por dois, era respondida pelo cão com dois latidos fortes e um mais fraco. Chatô ficou tão empolgado com a presença de Sarampo no programa de Jacinto que financiou uma turnê do cão por diversas cidades do país. "Vendo Sarampo em atividade, me ponho a pensar o que não seria do Brasil se nós o tivéssemos eleito presidente em lugar de Jânio Quadros", disse o dono dos Associados, que forneceu uma caminhonete da empresa para a viagem. Com o dinheiro das apresentações de Sarampo, foi construída em Araxá uma creche, a Casa de Nazaré. Na semana da passagem de Sarampo por São Paulo, e da apresentação no programa de Jacinto, Chatô também exibiu o cão para visitantes ilustres, que foram à sua casa, como Antônio Galotti, então diretor da Light.

No início de 1964, o programa passou a ser exibido aos sábados e em agosto foi transferido para os domingos. Sem explicação, as mudanças no horário podem significar experiências em busca de audiência. Parece um sinal de que a fórmula não estava funcionando tão bem quanto se esperava, apesar de a máquina de propaganda dos Diários Associados informar, ainda em agosto, que "é dos mais assistidos" da TV Cultura. Naquele mesmo mês, o canal comemorou a "arrancada" que deu entre 1963 e 1964 — e uma das joias da coroa da Cultura foi justamente o sensacionalista *Um Fato em Foco*, que seguia em sua autoproclamada missão de "focalizar a verdade nua e crua sobre certos cânceres que se infiltram em nossa sociedade, corroendo-a, vilipendiando-a, massacrando-a, depois de surpresa inevitável". O programa "lidera a audiência em seu horário (domingos, 22 horas) com sensacionais reportagens".

Em maio de 1965, a *Revista do Rádio* publicou uma pequena matéria em tom publicitário, repleta de elogios ao apresentador pela forma como vinha conduzindo *Um Fato em Foco*. Diz o texto que se trata de um "programa arrojado, que vem abalando a coletividade devido à forma sui generis com que os assuntos são apresentados e pela chance que dá aos entrevistados de dizerem verdades contundentes, porém esclarecedoras dos temas em debate". E fazendo eco ao que Jacinto sempre defendeu, influenciado pela proposta do filme *Mundo cão*, a revista conclui: "*Um Fato em Foco* é algo revolucionário no gênero pois mostra o lado negativo da sociedade na frieza da realidade que não aceita deformações". É nesse contexto de entusiasmo e otimismo por parte da Cultura e de elogios dos jornais de Assis Chateaubriand que o canal toma a decisão de lançar, em julho de 1965, *O Homem do Sapato Branco*, encarnado por Jacinto Figueira Júnior.

6.
Mondo cane e mundo cão

A edição de 1962 do Festival de Cannes é considerada histórica por pelo menos três motivos "errados": o prêmio principal foi para um filme brasileiro pela primeira e única vez; três obras-primas do cinema foram esnobadas e um documentário italiano mudou a forma como se encarava o gênero. Só o tempo, claro, permitiu uma compreensão mais clara de todos esses "erros".

O pagador de promessas, dirigido por Anselmo Duarte, um ex-galã da época das chanchadas e dos estúdios Vera Cruz, era um bom filme, com uma história ótima, baseada na obra de Dias Gomes. Mas estava longe de representar a produção original que uma nova geração de diretores começava a levar às telas naquele momento, e ficaria conhecida como Cinema Novo. Em 1962, por exemplo, *Os cafajestes*, de Ruy Guerra, era o filme que expressaria melhor aquele momento, mas não foi escolhido.

O júri de Cannes, que contava com a presença do francês François Truffaut, avaliou *O pagador de promessas* como mais merecedor da Palma de Ouro do que *O anjo exterminador*, de Luis Buñuel, *O eclipse*, de Michelangelo Antonioni, e *Joana d'Arc*, de Robert Bresson, hoje frequentemente incluídos em antologias dos maiores filmes da história do cinema. Os dois últimos, é bem verdade, foram agraciados com o prêmio especial do júri. Outros esnobados da edição incluem *Longa jornada noite adentro*, de Sidney Lumet, *O anjo violento*, de John Frankenheimer, e *Cléo das 5 às 7*, de Agnès Varda.

Mundo cão (*Mondo cane*, no original), dos italianos Gualtiero Jacopetti, Paolo Cavara e Franco Prosperi, não despertou maior interesse do júri nem dos críticos que assistiram à première mundial. Mas fez, posteriormente, enorme sucesso nos cinemas em todo o mundo ocidental e teve grande impacto na produção de documentários, inclusive na televisão. O longa-metragem é uma colagem de quadros com cenas chocantes. Começa com imagens de um cão sendo puxado pela coleira, no corredor de um canil, enquanto dezenas de outros cachorros, presos, latem. Ao final, com um chute, o homem joga o animal dentro da jaula. Enquanto os créditos de abertura correm, aparece na tela a seguinte mensagem:

> Todas as cenas que você verá neste filme são verdadeiras e foram tiradas apenas da vida. Se muitas vezes são chocantes, é porque existem muitas coisas chocantes neste mundo. Além disso, o dever do cronista não é adoçar a verdade, mas relatá-la de maneira objetiva.[1]

A sequência de 35 quadros,[2] ou vinhetas, mistura imagens exóticas, como um vendedor de cobras em Singapura, com outras puramente abjetas, como soldados decapitando búfalos no Nepal. Desfilam pela tela alemães tão bêbados que dormem em pé; portugueses que se divertem fugindo de touros enfurecidos; norte-americanos enterrando cachorros num cemitério especializado; italianos carregando cobras vivas numa procissão católica. Há algumas tentativas nada sutis de crítica social, como no contraponto das mulheres que são obrigadas a engordar

---

[1] Uma cópia de *Mondo cane*, com narração em inglês, era facilmente encontrada em jun. 2021: <www.youtube.com/watch?v=8L6IcP9OSVQ>.
[2] Um verbete na Wikipédia, em português, apresenta um resumo do filme, quadro a quadro, com razoável qualidade de descrição. Disponível em: <ao.wikiqube.net/wiki/Mondo_Cane>. Acesso em: 16 jun. 2021.

para agradar o líder de uma aldeia na Nova Guiné às mulheres que fazem ginástica para emagrecer numa academia nos Estados Unidos. Ou quando mostra uma mulher, que perdeu o filho, dando de mamar a um porco, que perdeu a mãe, e o narrador diz: "Em Chimbu, Nova Guiné, um lugar onde não há muita diferença entre a vida de uma criança e a de um porco".

Não há nenhum esforço analítico, seja jornalístico ou antropológico, para entender as cenas. O objetivo declarado é mostrar como o mundo é diversificado e, aparentemente, inacreditável. Na prática, a intenção é mesmo a de causar impacto por meio do choque. Não surpreende que nos Estados Unidos *Mundo cão* tenha se tornado precursor de um gênero de filme chamado "schockumentarie". Esse sensacionalismo exibido no longa-metragem italiano é uma degradação das propostas de um movimento que ficou conhecido como "cinema-verdade" e do cinema etnográfico, que mobilizou muitos cineastas nas décadas anteriores. Como diz o crítico Carlos Alberto Mattos, a curiosidade antropológica deu lugar a uma mera exposição do bizarro, do repugnante, do bárbaro ou do ridículo. E *Mundo cão* acabou influenciando a televisão justamente quando ela começava a se estabelecer. Os programas de Jacinto Figueira na TV Cultura são exemplos explícitos.[3]

Entre a exibição em Cannes, em 22 de maio de 1962, e a estreia nos cinemas do Rio de Janeiro e de São Paulo, em maio de 1964, Jacopetti, Cavara e Prosperi realizaram mais dois filmes, no mesmo formato: *Mulheres do mundo* e *Mundo cão 2*,

---

[3] Outras atrações que beberam dessa fonte são lembradas pelo crítico: "Seja com o uso de comentário narrado, seja na forma do cinema direto observacional, séries internacionais como *Cops* e *Rescue 911* (no Brasil, *Emergência 911*) e a brasileira *Documento Especial*, assim como os programas comandados por Goulart de Andrade, trazem esse componente sensacionalista no seu DNA", diz Mattos.

ambos em 1963. Os três foram exibidos no Brasil em sequência, em 1964, produzindo um efeito bem maior do que se tivessem sido levados aos cinemas de forma espaçada. Em 2002, em uma célebre entrevista a Antônio Abujamra no programa *Provocações*, na TV Cultura, Jacinto citou espontaneamente o filme. Refletindo sobre as agruras de sua carreira, ele disse: "Mundo cão? Quem inventou mundo cão fui eu. Como eu inventei? Apareceu no Brasil o dono daquele filme *Mondo cane*, lembra dele?". Abujamra respondeu: "Sim, claro. As pessoas iam ser fuziladas e ele pedia: 'Um momentinho, por favor. Vamos mudar porque a luz aqui é melhor para vocês matarem'". Jacinto: "Exatamente. O Jacopetti foi na minha emissora pra mostrar o filme. Mostrou alguns trailers. *Mondo cane*, interessante. Uma semana depois, todo mundo: 'o programa do Jacinto é mundo cão'".

A referência maldosa de Abujamra é a um quarto documentário de Jacopetti e Prosperi, *Adeus, África*, lançado em 1966. O filme mostra, entre outras cenas de violência, conflitos no então Congo Belga entre militantes africanos e mercenários, incluindo imagens de soldados sendo mortos. Os realizadores foram acusados, na época, de terem encenado a execução de um prisioneiro. Jacopetti chegou a ser julgado por homicídio na Itália, mas foi absolvido ao provar que chegou ao local pouco antes do tiroteio. Aliás, essa é uma crítica recorrente em todos os documentários do trio. Apesar de insistirem que apenas reproduziam a realidade, inúmeras situações supostamente flagradas pelas câmeras parecem encenadas. É uma acusação que Jacinto também vai ouvir ao longo de toda a sua trajetória.

Creio que a memória traiu Jacinto quando ele disse a Abujamra que Jacopetti mostrou *Mundo cão* na TV Cultura, em meados dos anos 1960. Não há registros dessa visita. O que há, de fato, é muito noticiário sobre a estreia do documentário, que causou sensação, o que pode explicar a exibição de algumas cenas (possivelmente o trailer do filme) na televisão. Mesmo recebendo críticas negativas, o primeiro *Mundo cão* ficou em cartaz em São Paulo e no Rio de Janeiro por mais de três meses, em 1964. Faz todo o sentido pensar em *Mundo cão* quando a TV Cultura estrear *O Homem do Sapato Branco*, em julho de 1965. Sei que é muito difícil determinar o alcance de "influências" no trabalho alheio, mas o desejo de chocar, que é uma das razões de ser do filme italiano, vai estar claramente presente no novo programa de Jacinto.

7.
"E fiz então *O Homem do Sapato Branco*. Para o meu mal"

Como quase tudo que diz respeito a Jacinto Figueira Júnior, os registros históricos deixaram algumas lacunas e controvérsias sobre o nascimento de *O Homem do Sapato Branco*. Quem teve a ideia e formatou o programa? Como surgiu esse título? Só não há discussão sobre o fato de que, uma semana após exibir *Um Fato em Foco* pela última vez, em 27 de junho de 1965, no domingo seguinte, 4 de julho, a TV Cultura lançou a atração que entraria para a história da televisão brasileira.

A criação do programa, em tese, caberia ao então diretor artístico da TV Cultura, mas Mário Fanucchi nunca reivindicou esse crédito. Ao contrário, em 1997,[1] chegou a manifestar certa vergonha pela existência de *O Homem do Sapato Branco*. "Aí surgiu um outro programa, não foi por minha culpa, mas foi um grande sucesso, *O Homem do Sapato Branco*. Era terrível, um programa com apelação total, mas funcionou tremendamente." No cargo desde o início de 1963, foi de Fanucchi a ideia de relançar *O Céu É o Limite* em outubro daquele ano. Grande sucesso da TV Tupi na década de 1950, o famoso *game show* de perguntas e respostas alavancou a audiência da Cultura. Apresentado pelo mesmo Aurélio Campos que conduziu a versão original em São Paulo, *O Céu É o Limite* ajudou a tirar o canal 2 do limbo em que se encontrava. Em 2008, em outro

[1] Entrevista a Roseli Fígaro para a revista *Comunicação & Educação*.

depoimento,[2] Fanucchi acrescentou uma informação sobre a autoria de *O Homem do Sapato Branco* e reviu a sua "terrível" avaliação sobre Jacinto. Disse ele:

> Aí o José Duarte Júnior, que era o diretor comercial da TV Cultura, resolveu fazer um programa chamado *O Homem do Sapato Branco*, que era a antítese de *O Céu É o Limite*. Teve uma repercussão fantástica, o Jacinto Figueira Júnior era um sujeito muito bom em matéria de comunicação, ele tinha uma verve tremenda, e era atrevido, fazia coisas incríveis, e o programa teve grande repercussão. Então, o que aconteceu? Com a audiência, vieram os anunciantes e começou a crescer o faturamento da TV Cultura.

Em depoimento para este livro, Fanucchi confirmou a sua hesitação inicial ao ouvir a proposta do novo programa e creditou a ideia ao apresentador:

> O Jacinto vendeu a ideia para o José Duarte Jr. E eu estava acreditando muito pouco na ideia. Depois eu até confessei isso. Achei muito complexo, muita pretensão fazer um programa daquela forma. Mas, depois, olhei para o Jacinto, olhei para o jeito do Jacinto, a cara do Jacinto, a maneira dele de falar, a maneira como ele levantava os temas e convencia, a maneira como ele me convencia, resolvi experimentar e fazer.

O próprio apresentador mais de uma vez reivindicou o crédito, como nesta entrevista a Antônio Abujamra: "E eu fiz então *O Homem do Sapato Branco* (*pausa*). Para o meu mal". J. Silvestre também atribui ao próprio Jacinto a criação do personagem-título:

---

2 Para o livro *Uma história da TV Cultura*, de Jorge da Cunha Lima.

"O programa *Câmeras Indiscretas* e depois o programa *Um Fato em Foco* formariam os alicerces do programa, sua criação, *O Homem do Sapato Branco*, que lhe traria enormes alegrias, mas traria também pesadas e amargas tristezas". Tudo indica que *O Homem do Sapato Branco* nasceu de uma proposta original de Jacinto à área comercial da TV Cultura, acolhida sem entusiasmo pela área artística.

Sobre as razões do título — *O Homem do Sapato Branco* —, uma reportagem publicada na terceira edição de *Veja*, em setembro de 1968, sugeriu haver uma controvérsia entre Jacinto e Fanucchi. Diz a revista numa reportagem intitulada "Mundo cão, não":

> Jacinto Figueira Jr. diz ter sido inspirado em Nietzsche o título do seu programa. "O homem que veste branco tem a alma pura." Mas o produtor Mário Fanucchi, quando o batizou como *O Homem do Sapato Branco*, diz que pensou na "figura do malandro brasileiro, que adora sapato branco".

Entre a imagem pé no chão do diretor artístico e o verniz de erudição do apresentador, eu ficaria com o primeiro. Pensando no personagem que Jacinto desenvolveu, faz muito sentido que *O Homem do Sapato Branco* tenha um DNA bem brasileiro. Mas, no depoimento que me deu em 2021, Fanucchi foi enfático:

> O nome foi o Jacinto quem deu. "O que você sugere com esse nome? Por que *O Homem do Sapato Branco*?" Alguém que quer ser diferente. Entre um conjunto de personalidades, ele tem um trato diferente com as coisas. É um ser diferente. Ele é otimista. Está o tempo todo alegre, feliz. Não tem complexo de coisa nenhuma. É mais ou menos isso. E tem um conteúdo geral do público brasileiro, a maneira de falar.

Nas quatro décadas seguintes ao lançamento do programa, Jacinto repetiu insistentemente menções aos filósofos Friedrich Nietzsche e Arthur Schopenhauer. Enchia a boca, em tom professoral, dando a entender que era um profundo estudioso do assunto, o que sabemos que não foi, e sustentava: "Eu lia muito Nietzsche e Schopenhauer. Gosto deles. E eles falavam muito sobre os homens que usavam sapato branco: médicos, enfermeiros, dentistas. E eles achavam que eram homens sérios, homens realmente que demonstravam honestidade, higiene. Achei curioso aquilo". A sobrinha Miriam diz que Jacinto sempre teve a intenção de fazer um programa que ajudasse os mais necessitados, mas não fazia ideia do que Nietzsche e Schopenhauer pensavam. "Não vou dizer pra você que ele lia. Quem veio para ele com essa história foi o [produtor] Donato Guedes", revela Miriam. Jorge Guedes, filho de Donato, diz a mesma coisa: o nome do programa foi ideia de seu pai. Convidado em 2000 pelo Folhateen, o suplemento adolescente da *Folha*, a dar três dicas de leitura, Jacinto começou com "toda a obra de Arthur Schopenhauer". E explicou que Schopenhauer é interessantíssimo, mas muito difícil de ler. "Tenho seus livros há muitos anos e sempre estou lendo alguma parte. É uma análise da vida humana, e foi dele que tirei meu 'personagem', o 'Homem do Sapato Branco'. Segundo Schopenhauer, só os homens mais puros e dignos, como médicos e dentistas, podem usar sapatos brancos". Os outros dois livros que Jacinto colocou ao lado de "toda a obra" de Schopenhauer mostram os seus interesses de leitura: *Quando ele voltar*, de Rick Medeiros, e *Operação cavalo de Troia*, de J. J. Benítez. Sobre o primeiro, Jacinto explicou: "Sou amigo desse sujeito, trabalhamos juntos na TV do sr. Silvio Santos. É a história de Jesus Cristo, contada de uma maneira muito bonita. Rick é espírita e nos mostra que Jesus Cristo vai realmente chegar para salvar a humanidade". Sobre o best-seller de Benítez, resumiu: "Este é outro livro belíssimo, que merece meus aplausos. É sobre um cidadão que trabalha na Nasa e é enviado numa missão de foguete e volta no tempo. Ele volta até trinta dias antes da morte de Cristo e convive com o Criador por esse período".

Ainda sobre o nome do programa, à época do lançamento, uma coluna do jornal *O Globo* fez uma piada curiosa: "Para a próxima semana foi anunciada a estreia de um novo personagem misterioso: *O Homem do Sapato Branco* (o sapato no singular indica que o personagem em questão deve ser perneta)".

O Homem do Sapato Branco foi apresentado na TV Cultura entre julho de 1965 e o final de 1967, quando o grupo Diários Associados vendeu o canal para o governo do estado de São Paulo. Na sequência, Jacinto levou o programa para a Bandeirantes, onde ficou menos de seis meses, até abril de 1968. Em maio, transferiu-se para a TV Paulista (Globo), onde foi exibido até o final de março de 1969. Como ocorreu com os dois primeiros programas de Jacinto, há pouquíssimos registros gravados de *O Homem do Sapato Branco* na década de 1960. A reconstituição que fiz se baseia em notícias da imprensa, entrevistas e na memória de telespectadores com quem conversei.

É nesse novo programa que os ingredientes da receita original de Jacinto vão se consolidar. Ele fazia jornalismo policial, sim, o que configurava uma tendência na época,[3] mas ia muito além. Centrado no estilo do apresentador, entre indignado e debochado, *O Homem do Sapato Branco* também investia em entrevistas com autoridades, matérias escandalosas sobre ritos religiosos, grandes feitos da medicina, dramas sociais e "barracos" protagonizados por figuras humildes no estúdio.

---

[3] Como mostram os pesquisadores Ana Paula Goulart Ribeiro e Igor Sacramento, o gênero virou febre na segunda metade da década de 1960, com *002 Contra o Crime* (1965) e *Polícia às suas Ordens* (1966), na Excelsior; *Patrulha da Cidade* (1965), na Tupi; *Plantão Policial Canal 13* (1965-6), na TV Rio; e *A Cidade contra o Crime* (1966), na Globo.

Sobressai a vontade de pegar o espectador pelo colarinho e chocar. É uma "revista" impressa com cores quentes. Ainda que inicialmente reproduza o formato de *Um Fato em Foco*, baseado em reportagens externas, em *O Homem do Sapato Branco* Jacinto começará a usar de forma mais recorrente o estúdio, para receber convidados e promover polêmicas. Desde o início, o programa segue apostando em bizarrices, como a entrevista com o cidadão de Jundiaí (SP) que afirma possuir um rubi engastado no umbigo. Por conta dessa raridade, tão fascinante quanto trágica, mostra *O Homem do Sapato Branco*, o sujeito foi assaltado oito vezes e recebeu mais de uma dezena de ameaças de morte. Com a ajuda de sempre do *Diário da Noite*, o caso foi apresentado assim:

> Há muitos anos uma criança tinha um sério problema: seu umbigo não cicatrizava, sangrava continuamente. Um cirurgião resolveu pensá-lo com fios de platina. Mas a avó da criança tinha um grande rubi. Fez questão que ele fosse utilizado na cirurgia. E hoje, muitos anos depois, um médico-veterinário tem no umbigo uma pedra no valor de 30 milhões de cruzeiros. Não pode retirá-la: os médicos afirmam que a operação lhe custará a vida. Mas, e aí vem o lado trágico da história: muita gente ficou sabendo da existência do rubi. Gente de toda espécie. E o homem do rubi no umbigo já sofreu vários atentados, dos quais, como prova, tem seis cicatrizes de balas no corpo. Amanhã, estará ele mostrando seu rubi e contando sua história no programa *O Homem do Sapato Branco*, canal 2, às 22 horas. Produção Jacinto Figueira Jr.

No final da década de 1970, quando Jacinto ensaiava sua volta à televisão, Décio Pignatari se recordou dessa primeira fase do apresentador:

Lembro-me muito bem que Figueira foi um dos primeiros "fenômenos" ou "casos" de nossa televisão, em suas priscas eras heroico-primitivas. Lá pelas tantas, começa a correr um zum-zum entre os privilegiados cidadãos telespectadores: alguma coisa estava acontecendo no 2. Era *O Homem do Sapato Branco* que surgia, mostrando no vídeo pela primeira vez uma coleção grotesca de fatos e gentes, saídos dos mais obscuros e fétidos desvãos policiais ou do "pátio dos milagres" da Pauliceia Desvairada. Foi um espanto. O canal 2, da Tupi, alcançou invejáveis audiências.

Outra novidade importante em relação a *Câmeras Indiscretas* e *Um Fato em Foco* é a repercussão que o novo programa ganhou ao ser exibido também, a partir de maio de 1966, na TV Rio, canal 13, um dos principais da então Guanabara. Isso ampliou muito — e negativamente — a percepção sobre o trabalho de Jacinto e ajudou a transformá-lo numa figura de alcance nacional. Em dezembro daquele ano, numa publicidade em vários jornais, o canal se autointitula "a emissora mais simpática da Guanabara" e inclui Jacinto como integrante do "maior elenco da televisão brasileira". O choque que *O Homem do Sapato Branco* causou no seu primeiro mês nos lares dos cariocas pode ser medido pela repercussão na imprensa. Um dos jornais que fizeram campanha permanente contra Jacinto foi o *Luta Democrática*, um diário popular, com tintas de sensacionalismo, fundado pelo deputado federal Tenório Cavalcanti, o famigerado "homem da capa preta". "Gostaríamos de saber qual a mensagem que pode levar ao espectador um programa que nos apresenta um marginal dos mais repugnantes e com nítidas características de irrecuperável", pergunta o colunista Paulo Lira, em uma edição de maio de 1966 do diário. "Enquanto a direção de uma televisão não pensar seriamente em termos de elevar o nível cultural dos programas, o que teremos ainda por muito tempo é o sensacionalismo barato."

No outro extremo, o da mídia de prestígio, a repercussão também foi péssima. Em 1966, o *Correio da Manhã* já não tem o mesmo respeito que o levou a ser um dos mais importantes jornais do país no século XX, mas ainda é lido pela elite carioca. Em 22 de maio, o crítico Oziel Peçanha publicou um artigo longo e devastador sobre *O Homem do Sapato Branco*. Intitulado "Programa na 13 é só crueldade", o texto ajuda a visualizar o que ia ao ar. Ele aponta que o programa faz papel de polícia e Justiça, além de levantar suspeita sobre a encenação de situações exibidas como reais. O episódio que chocou o crítico mostrava a filmagem dentro de um hospital que abrigava "crianças defeituosas", uma cena, na sua opinião, "bastante constrangedora". Outro quadro que irritou Peçanha expunha uma mulher menor de idade que foi "seduzida" pelo namorado. "Seria mais fácil e menos humilhante para a moça ir procurar seus direitos na Justiça. É o caso de se pensar que aquela moça estivesse ali apenas representando. Triste", escreve. Ao pé do texto, Peçanha acrescenta um parágrafo escrito "em cima da hora": "Quando redigíamos esta nota, o juiz de menores Alberto Cavalcanti de Gusmão informava à imprensa que se prepara para examinar o programa e retirá-lo do ar, se necessário, só permitindo sua volta caso seja reestruturado. 'Como está, é impossível', disse o magistrado".

Jacinto reagiu às críticas negativas com uma ferramenta que utilizava muito bem: entrevistas com autoridades, em tom de bajulação. Oziel Peçanha percebe a mudança de rumo no episódio levado ao ar uma semana depois. Em vez de "moças com olhares devassos", o programa exibe um garoto prodígio, de dois anos, que responde a perguntas de história geral. No lugar de cenas com miseráveis, "um momento simpático de auxílio a favelados", com a presença da secretária de Serviços Sociais. Duas autoridades, um professor e um deputado, debatem sobre "o assunto do momento: juventude transviada". E o crítico elogia a sugestão de um deles: "a criação da Escola de Pais". Por fim, *O Homem do Sapato Branco* exibe uma blitz policial, "para mostrar o que é uma investida policial contra o crime". Peçanha conclui: "Nem tudo, portanto, é negativo numa programação bem estruturada, quando se trabalha com o objetivo de ajudar à coletividade. Assim, sim. A televisão deve orientar-se, exatamente, para bem servir ao público".

O esforço de Jacinto, porém, não impediu que em 3 de junho o chefe da Censura Federal, Romero Lago,[4] determinasse a "suspensão por dez dias", a partir do dia 6, do programa *O Homem do Sapato Branco*, "por ter infringido normas da censura, tendo sido classificado como programa que explora o sensacionalismo", informa *O Globo*. Após Jacinto cumprir a pena, no dia 21, Oziel Peçanha festejava: "Já se pode assistir a *O Homem do Sapato Branco*, aos domingos, na TV Rio. O espírito de sensacionalismo desapareceu para dar lugar a coisas mais reais e apresentáveis". Doce ilusão do crítico, claro. Ainda em junho de 1966, Jacinto entrevistou um homem, que se apresentava como macumbeiro, questionando qual seria o remédio que ele conhecia para a cura do câncer. O entrevistado respondeu que a fórmula do remédio consistia em uma

---

[4] Romero Lago, na verdade, se chamava Hermelindo Ramirez Godoy. Nascido no Rio Grande do Sul, em 1920, foi preso em 1944 como mandante de um homicídio. Fugiu e registrou-se com uma nova identidade, vindo para o Rio de Janeiro e indo trabalhar no Palácio do Catete. Amigo do general Riograndino Kruel, diretor do Departamento de Polícia Federal (DPF) no governo Castello Branco, Romero Lago foi nomeado para um cargo de enorme poder e prestígio na época: a chefia do Serviço de Censura. Após a descoberta de que vivia sob falsa identidade e tinha um passado suspeito, deixou o comando da Censura, em 1967. Ver: Beatriz Kushnir, *Cães de guarda: Jornalistas e censores, do AI-5 à Constituição de 1988*. São Paulo: Boitempo, 2012.

mistura de pau-d'arco, ipê-branco e um pó indiano. Aí, anotou *O Globo*, "o 'repórter' entrou em transe indignado, para saber onde, onde seria possível encontrar pau-d'arco e ipê-branco, sem o que não acreditaria na fórmula". As aspas em "repórter" dão uma boa ideia do que o jornal pensava sobre o apresentador. Mário Fanucchi reconhece que Jacinto "era meio irresponsável, porque não se preocupava muito com o conteúdo". E diz que o pressionava: "Eu dizia: 'não me obrigue a pisar nos seus calos, vai devagar'. Lembrando que pisar no sapato marcava o couro". Apesar da observação, tudo indica que o apresentador tinha enorme autonomia e não se sentia obrigado a responder ao diretor artístico.

Mediunidade, ritos de religiões afro-brasileiras, espiritismo... Na década de 1960, a televisão tratava tudo que não conhecia bem ou que considerava exótico ou diferente como tema de "investigação jornalística". Jacinto não foi o único a embarcar nessa, mas foi fundo em algumas matérias, causando o efeito desejado: escândalo. Em 1961, no *Câmeras Indiscretas*, deu espaço para médicos que puseram em dúvida os talentos do célebre Zé Arigó. Em julho de 1966, o próprio apresentador anuncia a tentativa de "desmascarar" a médium Isaltina Cavalcanti, que dizia incorporar o espírito do médico alemão Artz Scovsck. Na verdade, o programa não tinha essa intenção. O que Jacinto queria era apenas um pretexto para exibir um ritual visto como "exótico" e que atraísse ou chocasse os espectadores. O relato dos jornais mostra que o plano deu certo. "Se as encenações da simpática Isaltina quando 'recebe' o espírito do 'médico russo' são falsas ou verdadeiras, não entraremos no mérito da questão", escreveu o colunista do *Diário de Notícias*, impressionado com as cenas gravadas no estúdio. "Se são falsas, a direção da TV Rio está perdendo a oportunidade de contratar uma promissora atriz que muito poderia oferecer depois de educada na ribalta..."

O novo programa, de fato, torna Jacinto uma celebridade. No início de novembro de 1966, o apresentador ganhou imitação em um programa de humor num canal concorrente. O humorista Geraldo Alves criou o personagem "Jacinto Figueira Agosto, o Homem do Sapato Sujo". E o apresentou na TV Excelsior. No esquete, Alves encarna o apresentador num "interrogatório" a um "criminoso": "Me diga uma coisa, meu caro: você é um homicida?". O rapaz responde: "Sim, senhor, matei uma mulher". Alves se volta para a câmera e, afetando um ar de sabedoria, retruca calmamente: "Mas, então, meu amigo, você não é um homicida: é um mulherecida". O esquete se inspira em uma situação incômoda que se repete com frequência em *O Homem do Sapato Branco*, quando Jacinto assume o papel de investigador policial, inquirindo de forma agressiva, diante das câmeras, pessoas acusadas de crimes.

Sete meses depois da suspensão por dez dias, *O Homem do Sapato Branco* voltou a sair do ar em 15 de janeiro de 1967. Dessa vez, a punição é "por tempo indeterminado", uma vez que Jacinto é considerado "reincidente". O pedido de proibição foi feito pelo chefe do Serviço de Censura de São Paulo e aprovado pelo chefe da Censura Federal em todo o país. A portaria da censura detalha tudo que não gosta no programa, ajudando o leitor a visualizar o que se passa em *O Homem do Sapato Branco*. Jacinto é acusado, por exemplo, de usar o programa para "apresentar-se como defensor e acusador de lados especificamente atinentes a órgãos policiais e à Justiça"; de pôr em jogo publicamente a reputação das pessoas que acusa; de expor fatos íntimos da vida privada em caráter "sensacionalista" e de aparecer "na posição sui generis, para os menos avisados, de policial, promotor público e juiz". Também incomoda à Censura o fato de *O Homem do Sapato Branco* "explorar, com caráter sensacionalista, aspectos de desequilíbrios sociais". Esse último item indica que a ditadura enxerga um caráter de certa forma subversivo no programa.

Várias publicações apoiam a decisão arbitrária: "Bola Branca para a Censura Federal, que desta vez acertou proibindo o sensacionalismo barato do programa de Jacinto Figueira Jr., *O Homem do Sapato Branco*", escreve o colunista da revista *Intervalo*. "Por causa desse programa foi eleito em São Paulo como deputado mais votado de lá", comenta o colunista Carlos Alberto, da *Tribuna da Imprensa*, deixando implícito que a punição poderia ter ocorrido antes. O *Estadão* vai além. Diz que Jacinto "fez por merecer" a punição e lamenta explicitamente que a decisão tenha demorado tanto. "O que se estranha é que o sr. Jacintho Figueira Jr. somente tenha as suas atividades suspensas após ter sido eleito deputado no pleito de 15 de novembro, quando obteve 26 mil votos."

Os comentários se referem à surpresa causada, dois meses antes, pela eleição consagradora de Jacinto como deputado estadual em São Paulo, claramente surfando na fama alcançada com o programa na televisão. Em 15 de novembro de 1966, apenas dezesseis meses depois da estreia de *O Homem do Sapato Branco*, o apresentador foi eleito pelo MDB, alcançando 28 052 votos — o sétimo mais votado no estado. Aquela foi a primeira eleição legislativa após o golpe militar de 1964[5] e também a primeira após a extinção de todos os partidos políticos existentes e a criação de Arena (governista) e MDB (oposicionista).[6] Jacinto foi convencido a disputar a eleição pelo círculo político do ex-presidente Jânio Quadros, que fora cassado nos primeiros dias do golpe, mas ainda tinha bastante influência na

---

[5] Em outubro de 1965, houve eleições para governador em onze estados.
[6] Estavam em jogo um terço das vagas no Senado, todos os assentos da Câmara dos Deputados e das assembleias estaduais de todo o país.

política paulista. E se apresentou aos eleitores, lógico, usando não apenas o seu nome, mas também o título do programa de TV.

A solução imediata proposta pela TV Cultura para atenuar o problema da suspensão de Jacinto foi a sua substituição pelo repórter Amauri Monteiro. A censura, inicialmente, rejeitou a opção, mas em fevereiro de 1967 o programa voltou ao ar com esse novo apresentador. Em março, *O Homem do Sapato Branco* já estava, novamente, sob o comando do seu apresentador de sempre.

Somente em 23 de janeiro de 1979, Jacinto foi questionado duramente sobre os muitos problemas éticos envolvidos em *O Homem do Sapato Branco*. A entrevista aconteceu no célebre programa *Pinga Fogo*, da TV Tupi, sob o comando de Almir Guimarães e o apoio de Humberto Mesquita. A data em que isso ocorreu não foi ocasional. Uma década antes, em 13 de março de 1969, com base no AI-5, ele havia perdido o mandato de deputado estadual e teve seus direitos políticos suspensos por dez anos. Foi a primeira grande aparição pública de Jacinto desde então.

Pinga Fogo: No seu programa você era um verdadeiro policial. Seu produtor era um ex-policial. Você intimava as pessoas a participarem do seu programa e fazia uma verdadeira exploração em cima deles.
Jacinto: Nós trabalhávamos com a Rudi [Rondas Unificadas do Departamento de Investigações], com o falecido dr. José Carlos Batista, mais conhecido como Zebu, que foi delegado titular da Rudi. A Rudi nos trazia elementos.
Pinga Fogo: Você algemava o pessoal que ela trazia?
Jacinto: Eles vinham algemados pela polícia.

Pinga Fogo: Que contribuição dava você à solução desse problema, naquela época, apresentando um trombadinha

diante das câmeras, e dizendo que ele fez isso ou aquilo? Qual era o objetivo?
Jacinto: O nosso objetivo era um só: alertar a sociedade, porque a sociedade é responsável, nós somos todos responsáveis.

Clery Cunha confirma que, muitas vezes, Jacinto levava homens acusados de crimes algemados ao estúdio. "Todo mundo ficava supercurioso de ver os bandidos mesmos. Então tinha que levar eles para o estúdio. Esse era o grande diferencial da época do programa", conta. Helvio Figueira, sobrinho de Jacinto, acrescenta um detalhe sórdido: "Naquele tempo você prendia o bandido e, antes de ir para a delegacia, passava na TV. Sim, levava algemado. E quando chegava, estava a mãe e o pai do ladrão, do estuprador. Era assim. Essas ideias eram muito do Donato Guedes", conta, citando o principal produtor do programa, que era investigador de polícia.

O último problema causado por Jacinto na Cultura ocorreu em outubro de 1967. Num estilo que décadas depois seria imitado por Celso Russomanno, Jacinto invadiu um hospital psiquiátrico, em Guarulhos, para averiguar a veracidade de uma denúncia de que os internos eram maltratados. Acompanhado de investigadores de polícia e sua equipe de TV, claro, o jornalista causou enorme rebuliço, mas não encontrou nada de errado no local. Em resposta, os médicos que dirigiam a instituição apresentaram uma queixa-crime contra o deputado estadual.

Em dezembro de 1967, fazendo um programa na Rádio Nacional, Jacinto foi protagonista de outro incidente causado pelo espírito de "xerife do consumidor". Dessa vez, o apresentador foi parar na capa dos jornais populares. Um técnico de TV, identificado como Ari, tentou suicídio, ferindo-se com um canivete, diante do público que acompanhava o programa no auditório da rádio, em São Paulo. A primeira notícia dava conta de que o sujeito havia tentado matar o apresentador. Na polícia, ele esclareceu que não atacou Jacinto. Disse que apenas quis se ferir em protesto. Ele havia sido chamado para participar do programa por não ter conseguido cumprir o compromisso de consertar a televisão de uma cliente, mesmo tendo recebido o dinheiro adiantado. A certa altura o indignado Ari gritou: "'Vocês querem é meu sangue?", e feriu-se com o canivete que carregava. Superado o pânico no auditório, o rapaz foi removido e Jacinto se responsabilizou pelo incidente.

No final do ano, vendida pelos Diários Associados ao governo do estado de São Paulo, a Cultura encerrou suas atividades, só voltando ao ar em 15 de junho de 1969, sob nova direção. É interessante registrar que a Tupi, do mesmo grupo, não mostrou o menor interesse em contratar Jacinto, apesar dos expressivos números de audiência que tinha no currículo. Atitude igual tiveram as outras duas principais emissoras da época, Excelsior e Record. O apresentador só encontrou abrigo na Bandeirantes e depois na Globo, ambas inauguradas depois de 1965 e ainda em busca de visibilidade nos seus primeiros anos de vida.

A passagem de Jacinto pela Bandeirantes foi breve. Inaugurado em maio de 1967, o canal da família Saad recebeu *O Homem do Sapato Branco* em outubro daquele ano e o dispensou em maio do ano seguinte. O primeiro episódio que causou incômodo à direção ocorreu no Carnaval. Exibindo a animação do baile do Clube Arakan, o programa acabou mostrando imagens de mulheres com os seios de fora. Quem assistiu se lembra que Jacinto incentivava as mulheres que apareciam diante das câmeras a se mostrarem da maneira mais chamativa e escandalosa possível, criando um clima de animação maior do que o real. A decepção dos Saad com o novo contratado atingiu o seu ápice em abril, próximo da Páscoa, quando o apresentador recolheu doze mendigos e ofereceu-lhes um jantar de gala no restaurante Fasano, tudo registrado pelas câmeras do programa. "Inútil comentar a crueza das cenas, montadas para satisfazer às ambições demagógicas daquele apresentador", lamentou *A Tribuna*, de Santos.

Jacinto foi surpreendido pela decisão da Band de rescindir seu contrato antes do fim. Ao chegar à emissora, ouviu do diretor artístico: "Você arruma outro emprego, porque o homem não quer você mais aqui". Estava se referindo a João Saad, proprietário do canal. Na sequência dessa conversa, saindo do prédio da Band, Jacinto disse que encontrou José Bonifácio de Oliveira Sobrinho, o Boni. "Estou aqui com um contrato da Globo para você assinar. Nós estamos em terceiro lugar. Vou fazer um contrato de três meses, se você não colocar a emissora em primeiro lugar, você vai embora. Você topa?" Jacinto, claro, topou. Jorge Guedes, filho do produtor Donato Guedes, conta outra versão. Segundo ele, Boni procurou Jacinto "de madrugada", no final de uma gravação, "com uma oferta financeira bem vantajosa e eles fugiram para a Globo". Mas Boni afirma que a história não foi bem assim. Diz que nunca foi à Band com contrato algum. Segundo ele, o departamento comercial da Globo avisou à direção que Jacinto seria demitido da emissora da família Saad e que havia anunciantes interessados em comprar o patrocínio do programa. Boni, então, autorizou o diretor Eduardo Lafon a procurar Jacinto. Foi fechado um contrato por três meses. Porém, Jacinto exigiu uma cláusula de renovação automática, dependendo dos índices de audiência, por mais doze meses. Boni confirma que o programa assumiu imediatamente a liderança no horário e o contrato foi renovado. "Jacinto foi informado que não estaria na nova programação, que seria de rede. Entendeu, mas condicionou a renovação a um teste no Rio para tentar permanecer na grade", diz Boni. O que também aconteceu.

Em 1968, a Globo era a quarta colocada no Rio de Janeiro. E em São Paulo, com a recém-adquirida TV Paulista, ficava em quinto lugar. A programação ainda não era em rede, ou seja, cada canal podia apresentar programas de forma independente e em horários diferentes. Internamente, contou Boni numa entrevista, a filial paulista da emissora era chamada de "penico". A má fama decorria do fato de que "só tinha coisa ruim lá dentro". Walter Clark, então o principal executivo da emissora, compartilhava dessa visão e chegou a chamar a TV Paulista de um "pardieiro imundo".[7] Na visão dos dois executivos, a unificação da Globo com a Paulista ocorreria com a inauguração da rede de micro-ondas, que permitiria pôr no ar a mesma programação nos dois canais. Nesse sentido, a contratação de Jacinto foi vista como uma solução provisória, destinada a levantar a audiência e tapar um buraco: "Estávamos desenhando a grade, preparando shows, novelas, e criando um jornalismo nacional. Até lá usaríamos temporariamente alguns programas que pudessem ser aceitos em São Paulo, optando por uma estratégia de competição local. Isso é o que tínhamos em mente", diz Boni.

Em abril, começaram a pipocar notas na imprensa falando da transferência de *O Homem do Sapato Branco* para a Globo. O mercado se dava conta de que a nova emissora estava reforçando o apelo popular da sua programação, reunindo o que *A Tribuna* chamou de "um quarteto de morte, mas bom de Ibope", formado por Dercy Gonçalves, Chacrinha, Silvio Santos e Jacinto. O próprio Chacrinha sublinhava esse caráter ao classificar a notícia da ida de Jacinto para a Globo como uma "bomba atômica" na coluna que mantinha no diário *Luta*

---

[7] "O canal 5 de São Paulo foi comprado pelo Roberto Marinho dos herdeiros das Organizações Vitor Costa. Antes de entrar naquele pardieiro imundo, da rua das Palmeiras, tive vontade de mandar chamar o serviço de endemias urbanas, um mata-mosquito que interditasse aquilo com bandeirinha amarela e tudo." Ver Walter Clark, *A vida de Walter Clark: Depoimento*.

Democrática.[8] Esses registros são importantes porque confirmam a ideia de que Walter Clark e Boni, antes de encontrarem o caminho do sucesso da Globo com as novelas, fizeram uma aposta consciente e, de certa forma desesperada, em programação ultrapopular. Recém-contratados, os executivos se sentiam pressionados a elevar a audiência de qualquer maneira.[9] "O Silvio Santos e a Dercy Gonçalves foram a base para o crescimento da audiência porque você tinha o que nós chamamos de alto-falante. Tínhamos onde fazer propaganda dos nossos produtos naqueles programas que tinham audiência. Se você não tem nada de audiência na emissora, é muito difícil você divulgar o resto", explicou Boni.

O Homem do Sapato Branco, exibido aos domingos, às 21h30, não trouxe maiores novidades na Globo. Nem era essa a intenção do apresentador ou da emissora. As críticas ao episódio de estreia deixam isso muito evidente. Oziel Peçanha, no *Correio da Manhã* de 18 de maio, lamenta muito o retorno de Jacinto, sem esconder o seu preconceito já no título do texto ("Para o populacho") e na abertura, escrevendo que *O Homem do Sapato Branco* "voltou com todos os seus requintes, para completar uma faixa de programação popularesca e para um público, é óbvio, populacho". O crítico lembra um problema apontado inúmeras vezes por quem entendia minimamente de televisão: a encenação de situações supostamente reais. Ou, como Peçanha diz: "o sensacionalismo fabricado". "Não importa aos produtores onde extraí-lo, mas aquilo que pode render", escreve.

Ao estrear na Globo, Jacinto refina a pose de moralista. Imposta a voz, fala como se estivesse dando lições, culpa a sociedade (e não o Estado) por todos os problemas das pessoas simplórias que vão ao programa na esperança de que ele cure

---

[8] Chacrinha se refere ao colega como "Jacinto Filgueiras". [9] Clark assumiu a direção da TV Globo em dezembro de 1965; Boni chegou em 1967.

as misérias. Em *A Tribuna*, o crítico que assina apenas com as iniciais I. B. também manifesta desconforto com a estreia na emissora de Roberto Marinho: "Como os seus colegas agora do canal 5, Chacrinha, Dercy e Silvio Santos, seu forte é o fraco dos outros, todos os tipos de fraquezas e misérias humanas".

Reiterada por vários críticos, a acusação de que as brigas no programa são falsas servirá de argumento, no ano seguinte, para a Globo rescindir o contrato de Jacinto. Mas ainda não incomoda a emissora no primeiro semestre de 1968. Em 19 de maio daquele ano, em publicidade da Globo na *Folha*, Jacinto aparece glorioso com um cigarro na boca, acompanhado da mensagem: "O impacto da reportagem! A dimensão do fato!".

8.
O deputado que não aprovou nenhum projeto

O impacto causado pelo lançamento de *O Homem do Sapato Branco* em julho de 1965 foi muito maior do que o esperado. Em dezembro, com a ajuda dos Diários Associados, Jacinto anuncia na TV Cultura uma distribuição de brinquedos no Natal. Intitulada "Enxugue a Lágrima de uma Criança Pobre", a campanha dá muito certo. Segundo a revista *Intervalo*, foram distribuídos 25 mil brinquedos e quilos de alimentos. "Durante dois meses, ele contrariou a linha agressiva de seus programas, dedicando-se à campanha humanitária dentro de seu horário semanal. E os telespectadores viram o impossível acontecer: O Homem do Sapato Branco, com voz suave, boas maneiras, pedindo donativos, falando dos muito necessitados que existem na cidade e preparando-se para ser Papai Noel da gente pobre."

Não por acaso, Jacinto passa a ser assediado por políticos de diferentes matizes. Apolítico, ele não vê problemas em conversar com Cantídio Sampaio, um político da Arena, ligado ao então governador de São Paulo, Ademar de Barros, ou com correligionários do ex-presidente Jânio Quadros, que havia sido derrotado por Ademar nas eleições de 1962. Cassado e com direitos políticos suspensos pelo regime militar em 1964, Jânio recebeu Jacinto mais de uma vez em sua casa no Guarujá, nos anos 1960. "Não prestava atenção na conversa deles. Só lembro que tinha uma garrafa de uísque na mesa", conta a sobrinha Miriam, que acompanhou o tio em algumas dessas visitas.

O diretor artístico da Cultura, Mário Fanucchi, conta uma história curiosa, ocorrida em 1965, que atesta a proximidade de Jacinto com Jânio. Certo dia, o Homem do Sapato Branco chegou à sala do executivo acompanhado do ex-presidente. Na falta de um bom camarim, Jacinto pediu a Fanucchi que acolhesse Jânio enquanto não começava a entrevista, que seria ao vivo. "Eu vou entrevistar o presidente daqui a pouco. Ele pode ficar aqui?" Acomodado numa cadeira, Jânio pediu um pedaço de papel ao diretor do canal. E após alguns minutos entregou duas folhas escritas. "São as perguntas que devem ser feitas a mim", explicou. "Nada além do que está aqui. E eu gostaria que o senhor instruísse o sr. Jacinto para que respeite essa minha vontade." As perguntas, claro, eram leves e ajudaram Jânio a falar apenas de assuntos que o interessavam: "O que o senhor tem feito? Quais as suas atividades? Como vai a gramática? É exato que foi acusado de plágio? Está escrevendo outra obra? Quando a editará? Tem pintado? Onde estão as suas telas? O que pinta? Quantos netos tem? Que tal é ser avô? O senhor se julga realizado?". Fanucchi guardou o bilhete. "Isso dá a dimensão do que era o Jacinto. Do prestígio dele."

No segundo semestre de 1966, Jacinto foi convencido a disputar uma vaga como deputado estadual nas eleições de novembro. Filiou-se ao oposicionista MDB, assim como boa parte dos políticos que seguiam a orientação de Jânio Quadros. A presidência da seção paulista do partido era, então, ocupada pelo senador Lino de Mattos, também um ex-aliado de Jânio. Com plena consciência de que a popularidade na televisão era o seu maior cacife, Jacinto pediu ao Tribunal Regional Eleitoral que os votos dados a "O Homem do Sapato Branco" também fossem computados para ele. Mas, em decisão proferida em 19 de outubro, 26 dias antes da eleição, o tribunal decidiu por unanimidade indeferir o pedido, "por não constituir pseudônimo", como ele alegou, "e sim nome do programa em que é apresentador". Ou seja, os votos em nome do Homem do Sapato Branco foram considerados nulos, e não é possível saber quantos foram.

Assim como o rádio, a televisão no Brasil, nascida em 1950, sempre serviu de trampolim para carreiras na política. Jacinto não foi o primeiro. Um dos precursores nessa prática foi Blota Jr., um dos rostos da TV Record desde a sua fundação, em 1953, que se elegeu deputado estadual, em São Paulo, nas eleições de 1954. O apresentador foi apoiado por entidades patronais, como a Associação das Emissoras de São Paulo, além de ter contado com a exposição da própria imagem na TV. Blota Jr. conseguiu 8276 votos, o suficiente para ocupar uma cadeira na Assembleia Legislativa entre 1955 e 1958. Ao longo do mandato, defendeu de forma aguerrida os que o apoiaram, seja promovendo homenagens a grupos de comunicação, seja rejeitando legislações que iam contra os interesses das empresas de mídia. Não se reelegeu em 1958, mas reconquistou uma cadeira na eleição de 1962 e também na de 1966, a mesma que consagrou Jacinto.

Ao entrar no mundo da política, Jacinto ignorou ou não soube como aproveitar algumas das oportunidades que esse campo poderia oferecer. Ele não representou os donos das emissoras nem boa parte dos espectadores. Pareceu acreditar, como muitos apresentadores de televisão e radialistas com vocação populista, que o Parlamento podia ser um outro palco, onde seguiria misturando assistencialismo aos mais pobres, abordagem sensacionalista de assuntos do cotidiano e exaltação da polícia. O resultado eleitoral dá uma boa medida do sucesso que vivia: foi o sétimo deputado estadual mais votado, o quinto do MDB, com 28 052 votos. Logo abaixo dele, com 27 454 votos, apareceu Blota Jr., pela Arena.[1] Exagerado, contador de casos, em mais de uma ocasião Jacinto disse publicamente que foi o deputado mais votado

---

[1] Dados Estatísticos: *Eleições federais e estaduais realizadas no Brasil em 1965 e 1966*, v. 8. Tribunal Superior Eleitoral.

em São Paulo. Chegou a dizer, numa entrevista, que teve 70 mil votos: 40 mil em seu nome e 30 mil em nome do Homem do Sapato Branco, mas estes últimos não teriam sido computados a seu pedido — o que, como vimos, não é verdade.

Aos olhos da imprensa, a candidatura e o exercício do mandato do apresentador nunca foram levados a sério. Comentando os resultados da eleição, ainda antes da posse, *O Globo* chamou Jacinto de "Cacareco", numa referência à célebre rinoceronte que obteve cerca de 90 mil votos numa eleição em 1959, em São Paulo, como forma de protesto. Em março de 1968, o mesmo jornal observou que os parlamentares estavam incomodados com a forma como o apresentador de TV se vestia no exercício do mandato. "O deputado Jacinto Figueira Júnior ameaçou entrar despido na Assembleia em resposta às constantes críticas que vem recebendo por estar sempre vestindo camisa esporte", informou. Jacinto foi à tribuna responder ao jornal. Vestindo terno e gravata, explicou que, de fato, ia à Assembleia de camisa esporte, mas nunca entrava no plenário dessa forma. "Lá fora posso andar da maneira que quiser. Desde que me comporte decentemente e me vista corretamente dentro do plenário, não pode haver críticas", disse. E acrescentou, com ótimo humor: "Se uso camisa esporte é porque gosto, porque sou moderno. Não tenho culpa que existam pessoas psicodélicas, arcaicas, que usam gravata até para tomar banho. O problema é delas".

Jacinto foi deputado por menos de dois anos, entre a posse, em 12 de março de 1967, e o recesso decretado pelo presidente Costa e Silva em 7 de fevereiro de 1969. Foi um deputado medíocre, como tantos outros que já passaram pela Alesp. Os arquivos da Assembleia mostram que o parlamentar apresentou apenas um projeto de lei. E não propôs nenhum projeto de decreto legislativo, projeto de lei complementar, projeto de resolução, proposta de emenda à Constituição, moção, requerimento ou requerimento de informação. Foi membro efetivo das Comissões de Esportes e de Assistência Social, mas não há registro de nenhuma contribuição importante que tenha dado nesses dois fóruns.

Em 15 de novembro de 1967, Jacinto apresentou o projeto de lei nº 740/1967, que "dispõe sobre declaração de utilidade pública da Sociedade Amigos das Vilas Reunidas do Jardim São João, com sede na Capital". Com a "utilidade pública", a instituição poderia reivindicar a isenção de uma série de taxas e impostos, além de imunidade fiscal, dependendo da finalidade. A sociedade que o deputado quis ajudar havia sido fundada em 20 de dezembro de 1964, com o objetivo de "propugnar na obtenção de melhoramentos públicos para o bairro, organizar serviço de assistência social, promover o desenvolvimento da cultura etc.". Ao justificar o pedido, Jacinto argumentou que a entidade "serve desinteressadamente à coletividade". E informou que ela atendia a moradores de dez bairros no distrito de Artur Alvim, na zona leste de São Paulo, "sem distinção de classe, de cor, de credo político ou religioso, tendo como finalidade a luta por melhorias públicas no bairro".

Enviado à comissão de Constituição e Justiça, o projeto de lei esbarrou num detalhe elementar, que o deputado Jacinto e seus assessores, por excesso de amadorismo, não atinaram: a Sociedade Amigos das Vilas Reunidas do Jardim São João não estava legalmente habilitada a receber o benefício. Entre as exigências para concessão do título de utilidade pública, era necessário contar mais de cinco anos de efetivo e contínuo funcionamento — e a entidade existia havia menos de três anos.[2] Na condição de relator, o deputado Wadih Helu,

2 A legislação sobre utilidade pública no estado de São Paulo já foi alterada várias vezes desde então. Atualmente, para ganhar o benefício, basta que a sociedade esteja funcionando de forma efetiva há dois anos. Hoje em dia, portanto, o projeto de lei de Jacinto poderia avançar.

da Arena, poderia ter vetado o projeto na comissão, mas optou por oferecer uma saída honrosa para Jacinto. "Entendemos que essa comissão, antes de manifestar-se pela rejeição da providência ora colimada, deve propiciar ao seu ilustre autor a retirada da propositura, dando-se-lhe, para tanto, a necessária 'vista'."[3] Assim, em 7 de dezembro, três semanas depois da apresentação do seu único projeto de lei, o deputado solicitou ao presidente da Assembleia Legislativa a retirada da proposição. A solicitação foi publicada no dia 12. No dia seguinte, o pedido foi deferido e, no dia 11 de janeiro de 1968, arquivado.

No primeiro ano do seu mandato, a Assembleia Legislativa ainda funcionava no Palácio das Indústrias, no Parque dom Pedro, bem no centro de São Paulo. Jacinto transformou seu gabinete num posto de atendimento de pedidos de pessoas humildes e necessitadas. Nas ocasiões mais movimentadas, ele chegou a atender até duzentas pessoas por dia. No mais clássico estilo assistencialista, escalou três assessoras para ouvir e anotar as demandas e oferecer ajuda, quando possível. Há registros da própria Alesp de que o parlamentar distribuía brinquedos, eletrodomésticos, amostras grátis de remédios, além de cadeiras de rodas e muletas, entre outros itens. A sobrinha Miriam, que ajudou no gabinete, diz que ligava para clínicas dedicadas a dependentes químicos pedindo auxílio para internar eleitores de Jacinto.

Em outra de suas ações, Jacinto inventou o tíquete-leite. Dava um vale para o eleitor que mostrava ser necessitado e ele podia ir à Vigor pegar dois litros de leite. A sala do deputado ficava no interior do Palácio das Indústrias, mas a confusão

---

[3] Obtive cópias do projeto de lei, do parecer da comissão de Constituição e Justiça e do requerimento de retirada do projeto na Alesp via Lei de Acesso à Informação.

causada pela distribuição do tíquete era tão grande que o presidente da Assembleia o transferiu de lá para um local perto da entrada. Jacinto adorava contar essa história, pois mostrava, na sua opinião, que estava mais perto do povo do que os demais parlamentares: "O presidente da Casa um dia me chamou, dizendo: 'Deputado, assim não dá, porque as crianças estão sujando tudo e estão brigando'. Eu disse: 'Mas aqui é a Casa do povo'".

Em mais de uma ocasião, o atendimento que Jacinto dava aos necessitados foi tema de debates entre os deputados. Em março de 1968, por exemplo, o deputado Orlando Jurca (MDB) reclamou que, ao chegar à Assembleia, às sete da manhã, encontrou uma fila enorme de pessoas sem ninguém do gabinete de Jacinto para atendê-las. A situação era caótica. Jacinto explicou que havia alterado o horário de atendimento, da parte da tarde para a da manhã, a pedido dos próprios colegas deputados, com o objetivo de reduzir o transtorno. "Aconteceu que hoje realmente veio muita gente e que, lamentavelmente, aqueles que trabalham comigo aqui não compareceram. É a primeira vez que isso acontece", justificou-se. "Quero esclarecer que não preciso atender o povo pessoalmente; tenho dois secretários, um deles pago por mim, para tentar atender a essas pessoas que me procuram. Não venho aqui para fazer demagogia."

Esmeraldo Tarquínio (MDB) pediu a palavra para dizer que em momento algum Jacinto foi criticado por atender pessoas à tarde. "O que se pretende é dar condições a qualquer um do povo que venha a esta Casa de atendimento razoavelmente rápido, sem que fiquem num pátio de milagres a reviver as figuras tão bem pintadas por Victor Hugo, expostas ao sol porque não cabem nos salões." Jacinto pediu mais uma vez a palavra e disse que não teve a intenção de criticar os colegas. E respondeu à menção de Tarquínio sobre a Assembleia ter virado um "pátio de milagres": "Quanto a constituir esse povo que me procura um pátio de milagres, não temos culpa disso.

Os senhores sabem perfeitamente que a fome está aí. Ou é mentira?". E discursou:

> Esses farrapos que aqui vêm procuram um lenitivo, uma internação que ninguém conseguiu e que, graças a uma felicidade minha, à simpatia daqueles que sempre cooperaram comigo, aos dirigentes de hospitais, que foram tão gentis comigo, tenho felizmente conseguido. Se é um pátio de milagres é porque são pobres, farrapos desta sociedade incompreensível e sofisticada que vossas excelências conhecem bem. Ninguém tem culpa de ser farrapo. São brasileiros como nós. Então vamos atendê-los, cheirosos ou não. Eu nasci na pobreza, conheço a fome, e assim quero atender aos meus pobres, porque conheço a vida, que é curta e rápida demais. Temos que atendê-los. Isso é que é importante na vida. O resto é banalidade.

Sólon Borges dos Reis (Arena) encerrou a discussão dizendo ser "preferível tolerar excesso de qualquer caráter em relação à frequência do povo do que dificultar a frequência popular à Assembleia". Mas criticou o caráter assistencialista da ação de Jacinto: "Entendo também que o problema da fome e da miséria não se resolverá com o atendimento individual dos parlamentares. O problema social deve ser resolvido pela reforma da estrutura econômica e social da nação, e jamais através de paliativos ilusórios do atendimento pessoal que adia, realmente, o caráter agudo do sofrimento humano, mas que põe em termos de caridade aquilo que devia ser colocado em termos de justiça social".

Em janeiro de 1979, no programa *Pinga Fogo*, na TV Tupi, em sua primeira aparição pública após os dez anos de direitos políticos suspensos, Jacinto foi questionado sobre o seu desempenho como deputado. Mentiu do início ao fim. Disse que teve vários projetos aprovados, que elaborou inúmeros projetos de lei, indicações, requerimentos, moções, e apresentou uma emenda à Constituição. Disse que atendia entre duzentas e 250 pessoas por dia na Assembleia. "Geralmente, tratava-se de doentes que não tinham recursos", afirmou.

Miriam Figueira me disse que Jacinto tirava dinheiro do próprio bolso para ajudar os mais necessitados na Assembleia. "A gente ia lá para controlar, porque ele dava o dinheiro que tinha e o que não tinha." O jornalista Ramão Gomes Portão, colunista da *Folha da Tarde* e especializado em assuntos ligados à criminalidade, confirma o desprendimento do deputado. "Ninguém queria saber como (e com que sacrifício) ele atendia às filas de desesperados, frustrados, indigentes, que se contentavam com as migalhas divididas. Tive a oportunidade de ver um salário inteiro (de deputado) esvair-se naquelas filas, num interminável desfile de lamúrias e necessidades", escreveu. Em 1980, revendo sua trajetória como deputado, Jacinto lamentou a ingratidão do povo que ajudou: "Eu era tão tolo que acreditava que pudesse ser a palmatória do mundo. Cansei de dar dinheiro para o povo. No entanto, quando fui cassado o povo não levantou um dedo sequer para defender meu mandato".

O episódio mais marcante vivido por Jacinto como deputado ocorreu entre maio e junho de 1967. Ele se associou com um colega de Assembleia, o deputado Fernando Perrone, também do MDB, numa discussão importante que ocorria então sobre erradicação de favelas. Os dois parlamentares se opuseram ao Movimento das Organizações Voluntárias (MOV), uma organização que defendia o "desfavelamento" da cidade, por meio de ações para tirar os moradores dos locais onde estavam instalados precariamente e levá-los para outras regiões. A entidade contava com o apoio de setores importantes, como a Igreja Católica e o jornal *O Estado de S. Paulo*.

Perrone, que havia sido eleito com o apoio do clandestino Partidão, não via com bons olhos a ação do MOV, e entrou em choque abertamente com o presidente da organização, Wilson Abujamra. Jacinto abraçou a causa do "comunista convicto e atuante", segundo a ficha de Perrone no SNI, e promoveu um debate entre os dois em seu programa na televisão. Foi um escândalo. No estúdio, Jacinto abrigou Perrone, o também deputado estadual Helio Dejtiar (MDB) e alguns representantes de associações de moradores da favela do Vergueiro (onde hoje é a Chácara Klabin), acompanhados de mulheres e crianças. Um pequeno circo, que o Homem do Sapato Branco sabia armar como ninguém. Retratado como o vilão, Abujamra deixou o estúdio de televisão furioso. Ele entendeu que foi "atraído a uma cilada" e denunciou os três deputados ao diretor do SNI em São Paulo, coronel Ênio Pinheiro. Segundo o presidente do MOV, Jacinto o havia convidado para uma entrevista sobre o problema dos favelados, mas "quando os dirigentes do MOV chegaram àquele canal de televisão, encontraram, sem o saber, os exploradores da Favela do Vergueiro com mulheres e crianças para melhor possibilitarem o quadro sensacionalista a seus defensores, os deputados Helio Dejtiar e Fernando Perrone".

Sensibilizado com o drama vivido por Abujamra, o *Estadão* publicou um editorial no dia 31 de maio de 1967, "A demagogia e as favelas", elogiando o esforço de erradicação das favelas empreendido pelo MOV e atacando os três deputados. Perrone e Dejtiar foram chamados de "demagogos" e "políticos inconformados com os propósitos dos que tomaram a si a tarefa de combate às favelas mediante a melhoria das condições de vida dos favelados". De Jacinto, cujo nome não é citado, se diz que comanda "um programa de televisão cujo deseducativo sensacionalismo vem chocando a opinião pública". O texto termina pedindo uma CPI para esclarecimento da atitude dos deputados.

Em suas memórias, Perrone conta que o episódio levou à criação de uma "comissão especial" na Assembleia para discutir o problema das favelas.

O tal sr. Abujamra foi convocado para contar a história do seu "desfavelamento" e de suas "freirinhas", como ele se referia às religiosas. Logicamente, ele não foi capaz de dizer onde estava alojando as pessoas retiradas da favela. No meio de um dos depoimentos, ele teve uma altercação com o Jacinto, que terminou correndo atrás do "desfavelador" pelos corredores da Assembleia. Eu estava chegando à reunião e só vi essa hilariante parte final.

Perrone também conta que foi à favela com Jacinto averiguar a denúncia de que alguns moradores, contrários à remoção, estariam detidos no posto policial do local. É um relato cômico, no qual ele mostra o estilo do Homem do Sapato Branco:

> Domingo de manhã, o Jacinto me apanhou em casa e fomos até a favela. Nossa chegada se deu num clima de western. O povo todo esperava por um choque. Fomos a pé pela rua central da favela, o povão nos seguia. Os capangas não mostraram a cara. Chegamos ao posto policial: uma mesinha, um guarda civil sentado, desalinhado, com o nó da gravata no meio do peito, e ao lado dois outros menos graduados. Entramos. Eu disse ao chefe:
> — Bom dia. — Ninguém respondeu. — Somos os deputados Fernando Perrone e Jacinto Figueira e viemos saber por que os senhores prenderam, ilegalmente, três moradores da favela.
> Após outras explicações, o policial sentado, olhando com desdém, resolveu falar:
> — Não tenho satisfação a dar a nenhum deputado. Só explico meus atos a meus superiores.

Jacinto afastou-me com o braço, colocando-se à frente da mesa:

— Perrone, você termina aqui seu discurso de esquerdista. Vou fazer à minha maneira. — Dirigindo-se ao guarda: — Meu amigo, se o senhor não me conhece, sou o Homem do Sapato Branco. Além disso, tenho um berro — sacou a arma. — Vou lhe meter uma bala na cabeça se você não se levantar, arrumar a gravata e se mostrar educado com os deputados.

O policial, lívido, levantou-se lentamente, arrumou a gravata:

— Não precisa ficar alterado, excelência.

Os presos foram soltos. Pouco tempo depois veio o AI-5. A Favela do Vergueiro foi derrubada na marra e o local utilizado para um empreendimento imobiliário.[4]

Como deputado, Jacinto também se notabilizou pelo número de sessões a que faltou e, sem motivo que justificasse, pediu abono. Foram 298 abonos indevidos entre 1967 e 1969, segundo o levantamento de uma subcomissão de investigações, instituída após a decretação do recesso da Assembleia. Jacinto foi condenado a devolver 11 920 cruzeiros novos aos cofres públicos (cerca de 120 mil reais em valores atualizados). Ainda assim, não foi o parlamentar que mais abonou faltas irregularmente. Dos 116 deputados condenados, seis exibiam números maiores que os do Homem do Sapato Branco, entre os quais Blota Jr., acusado de abonar indevidamente 350 faltas e instado a devolver 14 mil cruzeiros novos.[5] Praticamente todos os deputados receberam valores indevidos, segundo a sindicância. Mas o

---

[4] Perrone relata os fatos como se tivessem ocorrido em 1968, mas na verdade, como atesta o editorial do *Estadão*, o conflito na Favela Vergueiro se passou em 1967.   [5] Os outros deputados no topo desse ranking são: Leonardo Barbieri (429 faltas), Sinval Antunes de Souza (376), José Jorge Cury (371), Mario Telles (310) e Nadir Kenan (301).

único que reconheceu o fato foi Jacinto, para espanto do autor do relatório final, que escreveu:

> A defesa apresentada pelo deputado Jacinto Figueira Júnior, antes de ser uma defesa, é pelo contrário, uma CONFISSÃO! Declara-se inteiramente favorável a essa salutar medida e informa que recebia tais proventos sem saber que eram indevidos e nem como eram calculados os vencimentos. E termina por solicitar que a devolução seja feita em parcelas e de modo humano, uma vez que vive de seus vencimentos da Rádio Nacional.

A investigação que apontou abuso no abono de faltas ocorreu em resposta ao ato complementar número 47, de 7 de fevereiro de 1969, que decretou o recesso das Assembleias Legislativas dos estados da Guanabara, Pernambuco, Rio de Janeiro, São Paulo e Sergipe. O documento, assinado pelo presidente Costa e Silva e dezesseis ministros, citava o AI-5 como justificativa e alegava que as assembleias estavam contrariando os princípios legais e morais do regime, além de estarem "usando abusivamente de direitos que não possuem, inclusive quanto a beneficiarem os seus membros com remuneração e vantagens indevidas".[6]

---

6 O recesso se estendeu até 31 de maio de 1970. Durante o período, 27 parlamentares paulistas foram cassados tendo como base o AI-5. Nenhum desses cassados está entre os que mais abusaram de abonos irregulares, comprovando que a justificativa para fechar a Assembleia não se sustenta. Ao todo, 36 deputados estaduais paulistas perderam seus mandatos e direitos políticos durante a ditadura militar. Antes do AI-5, sete haviam sido cassados com base no AI-1, de 9 de abril de 1964, que já permitia a cassação de parlamentares. Os dois últimos foram cassados em 1976. No dia 20 de maio de 1970, o presidente Emílio Garrastazu Médici anunciou a reabertura da Alesp para o dia 1º de junho. Na mesma data, mais seis deputados foram cassados.

9.
"O povo fica sem Papai Noel"

Não é possível dizer até onde Jacinto Figueira Júnior teria chegado como apresentador de televisão ou mesmo como político. Mas é ponto pacífico que um incidente ocorrido em 15 de dezembro de 1968 interrompeu a ascensão que vivia e causou uma inflexão em sua carreira que ele jamais conseguiria corrigir. Deputado estadual, apresentando programas na Rádio Nacional e na TV Paulista, ambas da Globo, Jacinto chegou ao final do ano confiante o suficiente para promover uma ação assistencialista de monta no centro de São Paulo. Por algumas semanas, ele usou o microfone da rádio e o espaço na televisão para anunciar uma distribuição de presentes de Natal. O resultado foi desastroso.

Na descrição de Luiz Eduardo Borgerth, que em 1967 foi enviado da Globo do Rio de Janeiro para dirigir a filial em São Paulo, na rua das Palmeiras, a empresa ocupava espaço nos dois lados da rua; num lado, as rádios, no outro, a televisão. "Ambas as construções velhas, encardidas, um teatro no térreo da televisão, as rádios espalhadas num único andar bem em frente." A ação de Natal tinha previsão de ocorrer em duas etapas. No dia 15, um domingo, seriam distribuídos cartões, que dariam direito, uma semana depois, à retirada dos presentes. O local informado para a entrega inicial foi justamente a rua das Palmeiras, diante da estação de rádio e da emissora de televisão.

Em 1968, aquela região da cidade começava a perder sua importância econômica, com a migração de muitos escritórios para a avenida Paulista, mas ainda era uma zona residencial valorizada, que atraía uma população de classe média. A região sofreria um impacto muito grande três anos depois, em 1971, quando o então prefeito Paulo Maluf inaugurou uma via elevada de 3400 metros de extensão, indo do largo Padre Péricles até a praça Roosevelt, passando por sobre importantes avenidas do centro da cidade. Logo apelidado de Minhocão, o elevado Presidente Costa e Silva foi rebatizado como Presidente João Goulart em 2016, na gestão do prefeito Fernando Haddad.

Ainda que se desconheçam os detalhes sobre a logística planejada por Jacinto e seus produtores para a ação de Natal, o fato é que o evento degenerou num tumulto de enormes proporções. Aparentemente, calculou-se mal o número de pessoas que atenderiam ao convite. Os jornais falam da presença de entre 10 mil e 100 mil pessoas na rua das Palmeiras e adjacências. A enorme confusão no centro de São Paulo ocorreu apenas dois dias depois da decretação do AI-5 pelo presidente Costa e Silva. Anunciado na noite de sexta-feira, 13 de dezembro, o mais duro ato institucional da ditadura, como se sabe, resultou em fechamento do Congresso, cassação de mandatos, intervenções em estados e municípios, censura da imprensa, fim de garantias individuais, suspensão do habeas corpus e, não menos importante, proibição de reuniões e manifestações políticas não autorizadas pela polícia.

As pessoas que ocuparam a rua das Palmeiras e a vizinhança vieram de bairros distantes do centro para retirar os vales-brindes. Eram, em sua maioria, mulheres e crianças muito humildes, sem assistência, e que foram ficando desesperadas, à medida que o tempo passava, com a ausência de informações. Os relatos indicam que a aglomeração foi aumentando ao longo da manhã, até chegar ao ponto, no início da tarde, em que a locomoção se tornou difícil. Donos de pequenos comércios locais, como bares e restaurantes, fecharam as portas e começaram a telefonar para a polícia, relatando horror com a situação. Também moradores locais, sem conseguir sair de casa, pediram ajuda às forças policiais. A *Folha* resumiu assim a situação:

> A rua das Palmeiras foi palco, ontem à tarde, de um impressionante festival de miséria e tumultos. Cerca de 20 mil pessoas se comprimiram nas proximidades do canal 5 na expectativa de receberem presentes — que não vieram — oferecidos pelo deputado Jacinto Figueira Júnior através de seu programa *O Homem do Sapato Branco*. Com a chegada da polícia com ordem de evacuar a rua, aumentou a confusão que já era grande: cinco partos, 48 crianças perdidas, setenta casos atendidos no pronto-socorro da Barra Funda, desmaios, choros e centenas de objetos perdidos.

O jornal não traz nenhuma informação adicional sobre esses partos nem o depoimento de nenhuma pessoa sobre o assunto. Um dia depois, o *Diário de Notícias* também explorou o drama das mulheres grávidas presentes no evento natalino, mas disse que foram dois, e não cinco, os partos ocorridos durante a confusão. E acrescentou um dado que jamais foi confirmado — a ocorrência de uma morte. Quase um mês depois, ao relembrar os acontecimentos, a revista *Veja* acrescentou mais um detalhe mórbido: além dos cinco partos, teriam ocorrido seis abortos no meio da confusão.

As dificuldades de locomoção na área afetaram as gravações do *Programa Silvio Santos*, a atração de maior audiência da Globo em São Paulo. O programa teve muitas partes canceladas devido ao tumulto que dificultou a circulação normal entre os dois prédios (o da TV e o da rádio), um de cada lado da rua. Funcionários do canal 5 também se assustaram com os gritos da multidão dirigidos à emissora e à tentativa de invasão do local. Segundo uma das versões que circularam na época, o pedido de ajuda à polícia teria vindo da própria Globo ou da equipe de Jacinto.

A polícia chegou por volta das quinze horas com 150 homens da Guarda Civil, dez viaturas, Juizado de Menores e dois pelotões de choque da Força Pública, comandados pelo delegado Paulo Bonchristiano. A ordem era evacuar a rua das Palmeiras. Dez bombas de gás lacrimogêneo foram lançadas onde se verificava o maior núcleo de aglomeração. As pessoas fugiram apavoradas. Um clarão ficou aberto em frente à emissora e formaram-se cordões de soldados que empurravam a multidão. No local ficaram sapatos, de crianças e adultos, chupetas, gorros e peças de roupa.

Num sinal de que o clima político do país e a decretação do AI-5 contaminaram a ação assistencialista de Jacinto, a polícia afirmou ter identificado "agitadores" que estariam provocando a multidão a cometer atos de violência e vandalismo. O delegado Bonchristiano informou que três homens tentaram incitar a multidão a invadir o canal 5 e tomá-lo à força. O mesmo trio, que fugiu num Karmann-Ghia de cor verde, foi visto fazendo discursos na altura da praça Marechal Deodoro. "Infelizmente não conseguimos prendê-los", lamentou o policial.

O que aconteceu com Jacinto naquele domingo? Tudo indica que ele foi levado pelo delegado Bonchristiano para prestar um depoimento no Dops e dispensado à noite. Uma exceção na extensa cobertura que o assunto mereceu coube a *O Globo*, do mesmo dono da TV e da rádio onde Jacinto trabalhava. O jornal circulava naquela época com duas edições às segundas, uma matinal e uma vespertina. Em nenhuma das duas edições houve menção aos tumultos de domingo. Outros jornais da cidade, como *Correio da Manhã* e *Tribuna da Imprensa*, noticiaram o fato.

A vasta cobertura sobre os acontecimentos de 15 de dezembro deixou aflorar a antipatia de parte da imprensa por Jacinto.

O *Correio da Manhã*, um dos poucos jornais que se opuseram à ditadura militar, começou seu relato com uma frase atribuída a um taxista anônimo, que parece ter sido redigida na redação: "Infelizmente os humildes ainda acreditam em certos crápulas, como o deputado Jacinto Figueira — O Homem do Sapato Branco —, que vive explorando a miséria humana para atingir os seus objetivos inconfessáveis". O *Diário de Notícias* também foi duro com Jacinto: "Milhares de pessoas pertencentes à camada mais humilde paulista foram sabotadas pelo famoso Homem do Sapato Branco, Jacinto Figueira Júnior, que vive às custas da exploração da miséria para conseguir seus objetivos. Um deles é a sua eleição para deputado estadual".

O *Estadão* publicou dois textos sobre os tumultos de domingo, um relato noticioso, intitulado "E o povo fica sem o Papai Noel", e um editorial em duas colunas, intitulado "O decoro da Assembleia", dedicado ao deputado. O nome de Jacinto não é citado em nenhuma das 457 palavras do texto, mas a referência ao que havia ocorrido dois dias antes não deixa dúvida. De forma clara, o jornal pede à Assembleia Legislativa que investigue se Jacinto quebrou o decoro parlamentar — o que, se comprovado, poderia lhe custar o mandato. Alguns trechos:

> Não é de hoje que combatemos um certo tipo de jornalismo através do qual, para ganhar dinheiro, seus responsáveis exploram todas as formas, possíveis e imagináveis, das fraquezas humanas. Coerentemente, a mesma luta nós a transportamos para o plano das estações de rádio e de televisão, condenando os programas puramente sensacionalistas ou desprovidos de qualquer fundo moral.
> [...]
> Penetrando na intimidade dos lares, o rádio e sobretudo a televisão ganham uma força persuasiva como ainda não

se descobriu igual. Daí a razão pela qual locutores e apresentadores de programas de grande audiência, mas inteiramente despreparados, triunfam com facilidade nas pugnas eleitorais, vencendo homens de valor, que muitos serviços poderiam prestar às coletividades. Conquistam postos eletivos e em seguida usam da tribuna como de seus microfones, em uma conduta que fere o decoro do Legislativo, tal o baixíssimo nível da conduta que desenvolvem.

O que um desses elementos acaba de fazer com milhares de mulheres depauperadas e subnutridas, obrigando-as, por uma autêntica migalha, a uma espera inútil e exaustiva, até que fossem devolvidas aos seus humílimos barracos, na podridão das favelas, e isso pela ação violenta da polícia, é qualquer coisa que deveria chamar a atenção dos dirigentes da emissora e dos membros da Assembleia Legislativa, pois está ferindo os foros de civilização de São Paulo. É uma indignidade que clama aos céus, principalmente porque é dirigida por interesses inconfessáveis, tendo como vítima a pobreza mais miserável, mais espoliada e mais abandonada.

Se o Contel[1] não logrou modificar a Lei de Imprensa e não tem meios sequer de fiscalizar os horários das programações, então pelo menos que a Assembleia examine o caso, tendo em vista que lhe cabe preservar o seu decoro. E o brio paulistano, aqui, reveste-se de maior amplitude, como se estivéssemos em um sistema de vasos comunicantes: não se pode baixar o nível do Legislativo sem baixar também o da vergonha do estado.

[1] Conselho Nacional de Telecomunicações. Órgão criado por decreto em 1961, diretamente subordinado ao presidente da República. Com a criação do Ministério das Comunicações, em 25 de fevereiro de 1967, foi incorporado a esse ministério. Tinha, entre outras finalidades, rever, coordenar e propor uma legislação para as telecomunicações.

A Assembleia Legislativa de São Paulo não atendeu ao pedido do *Estadão*. Mas, mesmo que quisesse, não haveria tempo. Em 7 de fevereiro de 1969, menos de dois meses depois desse editorial, o Parlamento paulista foi fechado pela ditadura militar.

A descrição do caos na rua das Palmeiras ocupou enorme espaço nos principais jornais do país e serviu de pretexto para críticas e ataques duros ao apresentador e deputado. Mas, nos relatos publicados,[2] quase não se ouve a voz de Jacinto. Nos dias seguintes à confusão, nenhuma publicação o entrevistou mais detidamente. Apenas a revista *Melodias*, na edição de janeiro de 1969, traz a sua versão. Jacinto sugere que a culpa pela confusão foi da polícia: "Havia só uma radiopatrulha para manter a ordem e o reforço policial pedido somente chegou às dezesseis horas e as bombas de efeito moral atiradas pelos milicianos causaram um tumulto ainda maior e aconteceu o que todos já sabem". Segundo ele, os donativos que não conseguiu distribuir naquele domingo foram entregues posteriormente, "por ordens superiores", a 75 instituições de caridade.

Ao falar do tamanho da multidão, Jacinto cita um número ainda maior do que o mencionado na cobertura dos jornais nos dias seguintes:

> Eu calculava que umas 20 mil pessoas no máximo acorressem ao saguão da TV Globo, embora houvesse distribuído perto de 40 mil cartões. Mas qual não foi a minha surpresa quando logo cedo observei que as filas se avolumavam à porta da emissora e o público, a cada minuto, aumentava assustadoramente. Não demorou muito e aproximadamente

---

[2] *Folha de S.Paulo, Diário da Noite, O Globo, A Tribuna*, edições de 16 dez. 1968; *O Estado de S. Paulo, Diário de Notícias, Correio da Manhã, Tribuna da Imprensa*, edições de 17 dez. 1968; e *Veja*, de 15 jan. 1969.

200 mil pessoas se aglomeravam ao longo da rua das Palmeiras e adjacências.

Sentido com as críticas, Jacinto vê falta de ética na atitude dos colegas:

> Eu perdoo os que me condenaram, mas estou muito triste, pois colegas de profissão, companheiros de outras emissoras, numa demonstração de falta de ética, me atacaram violentamente e sem razão. E muitos deles deveriam se calar, pois têm rabo de palha... A minha revolta é maior quando penso que esses eternos detratores jamais fizeram alguma coisa pelo povo.

Enigmático, Jacinto encerra a entrevista dizendo: "Por que só agora me condenaram? E qual foi minha culpa nisso tudo? Deixo ao povo a resposta... Eu não me importo com o que falam, pois como diz o provérbio: enquanto os cães ladram, a caravana passa".

10.
Prisão e fim do programa na Globo

A desastrosa ação de Natal promovida pelo Homem do Sapato Branco dois dias depois da decretação do AI-5 teve enormes consequências para as duas figuras que Jacinto Figueira Júnior representava: a de apresentador de televisão e a de deputado estadual. Ele não foi preso naquele 15 de dezembro de 1968, apenas "prestou esclarecimentos" no Dops, mas um inquérito foi aberto para investigar os acontecimentos do dia.

Em tempos normais, após a abertura do inquérito, Jacinto teria sido convocado a depor na polícia. E, eventualmente, por ser deputado, ainda teria outras regalias. Mas, no momento em que a ditadura começava a viver seu momento mais duro e repressivo, o procedimento foi diferente. No dia 20 de janeiro de 1969, ele foi preso "para averiguações" pelo Dops. Ficou detido na sede do órgão, que também funcionava como custódia da Polícia Federal, na rua Piauí, no bairro de Higienópolis.[1] Apesar da censura à imprensa, a notícia sobre a prisão de um deputado mereceu registro em vários jornais de São Paulo e do Rio de Janeiro no dia seguinte. O noticiário cita o general Silvio Corrêa de Andrade, titular da Polícia Federal, em São Paulo, observando que a prisão foi baseada no AI-5 e se destinava, além de apurar as responsabilidades pelo tumulto, a

[1] O imóvel foi desativado em 2003, quando a Polícia Federal inaugurou sua sede na Lapa. Apesar de várias ideias e propostas para reutilização do casarão, construído no início do século XX e que pertenceu à família do ex-presidente Rodrigues Alves, ele hoje está abandonado.

investigar suas atividades políticas e profissionais, "sobretudo no que diz respeito à sua atuação no campo social e num programa de televisão que está causando perturbação da ordem pública". Os jornais mencionam um mesmo detalhe que se revelará crucial para o destino de Jacinto. O governo estava interessado em averiguar os "métodos" de trabalho do apresentador. "Outra acusação é a de que o parlamentar usa métodos na organização de programas de televisão com os quais não concordam as autoridades que o prenderam."

A TV Globo, porém, não esperou o resultado dessa suposta investigação. No dia seguinte à prisão de Jacinto, a emissora decidiu interromper o contrato com ele. O registro consta do *Estadão*: "Às vinte horas de ontem, o sr. José Bonifácio Oliveira Sobrinho, da TV Globo, canal 5, informou que o programa *O Homem do Sapato Branco* não iria mais ao ar". Apesar do anúncio feito no *Estadão*, o programa de Jacinto permaneceu no ar. O departamento jurídico da emissora não recomendou a demissão anunciada por Boni e a Globo voltou atrás. O contrato de Jacinto teve início em maio de 1968 e, em agosto, como havia sido combinado, caso fosse bem-sucedido no Ibope, foi prorrogado até junho de 1969. "A prisão seria um motivo para o distrato e nós decidimos suspender o programa", confirma Boni em depoimento para este livro. "Chegamos a anunciar isso, mas nosso Jurídico achou que seria melhor cumprir os meses que faltavam. Perderíamos a causa na Justiça, uma vez que a prisão nada tinha a ver com o programa."

Em setembro de 2000, Boni justificou a demissão de Jacinto como resultado de uma situação que ele próprio havia testemunhado. A revelação ocorreu em meio a uma entrevista sobre os cinquenta anos da televisão no Brasil, completados no dia 18 daquele mês. O repórter Marcio Cesar Carvalho quis saber como a Globo saiu da quarta posição em matéria de audiência para a de líder na gestão de Walter Clark e Boni.

E perguntou se, no início, não teria ocorrido "uma certa apelação" ao se recorrer aos talentos de Dercy Gonçalves, Silvio Santos e Jacinto Figueira Júnior Boni respondeu detidamente sobre Dercy e Silvio, mas não mencionou Jacinto. Carvalho, então, insistiu: "O Jacinto Figueira não tem participação?".

Boni respondeu: "Na audiência, não. Ele estava no canal 5, e ainda continuou um tempo. Ele esteve em vários lugares. Não era uma criação nossa. Mas a nossa posição foi o contrário. Nós fomos saneando algumas coisas que existiam na empresa". Ao usar o verbo "sanear", Boni deixou claro que enxergava o programa de Jacinto como algo que sujava a imagem da emissora. Aliás, o verbo "sanear" também é citado pelos militares ao justificarem cassações de políticos na reunião do Conselho de Segurança Nacional em que Jacinto perdeu o mandato. Walter Clark, assim como Boni, também manifestou publicamente incômodo com a presença de Jacinto na programação da Globo. Mas, à diferença do parceiro, nunca negou que o programa atraísse grande público. Em seu livro de memórias, diz: "*O Homem do Sapato Branco* dava audiência, mas não podia colocá-lo no ar sem prejuízo para a nossa imagem".

Carvalho prossegue a entrevista questionando Boni se "tinha muita baixaria" na Globo naquela época. E o executivo responde que "tinha". O repórter, então, pergunta: "Você consegue lembrar uma que te incomodou muito?". Boni responde que todas as cenas de baixaria o incomodavam. E revela que decidiu acabar com o programa de Jacinto por um motivo que os críticos de televisão já apontavam havia anos: a encenação de uma situação de briga testemunhada por ele durante uma gravação. "Eu assisti um episódio em que o produtor do *Homem do Sapato Branco* deu uma cabeçada em um desses reclamantes e disse: 'Foi o teu inimigo que te cabeceou'. E não era, era o sujeito da produção do programa que tinha machucado o cara", contou.

Carvalho provoca Boni observando que Jacinto "era o Ratinho da época". O executivo concorda e explica por que Jacinto não servia mais aos propósitos da Globo no final da década de 1960:

> Era o Ratinho da época. Não sei se muito diferente, mas o Ratinho da época. E nós tínhamos que acabar com isso porque nosso projeto era fazer um veículo de publicidade. Nós sabíamos que tínhamos que disputar mercados de audiência qualificada e montar uma rede de televisão. O projeto não era audiência, o projeto era montar uma rede de televisão. A TV Globo é produto de publicitários. Eu, Walter Clark e o [João Carlos] Magaldi éramos publicitários. Imaginávamos que tínhamos uma responsabilidade com o mercado publicitário de arranjar um veículo onde se pudesse exibir anúncios decentemente. Tínhamos uma visão de que a TV tinha de ser, ao mesmo tempo, um veículo de informação e de entretenimento de qualidade.[2]

Questionado sobre o episódio da falsa briga no estúdio, Boni me contou que a cena que presenciou "foi o início" de suas desavenças com Jacinto, que levaram à rescisão do contrato. "Até aí eu achava o programa cult e me divertia com ele", disse. Mas o diretor Luiz Guimarães, seu braço direito em São Paulo, descobriu atitudes violentas nos bastidores, que poderiam levar a empresa a ser processada. "O Jacinto admitiu que a equipe, às vezes, usava recursos para esquentar o programa. Ele recebia tranquilamente nossas queixas, mas não resistia à tentação de apelar", conta Boni.

[2] O repórter Mario Cesar Carvalho me cedeu a fita da entrevista, realizada em 6 de setembro de 2000. Muitos dos trechos reproduzidos aqui são inéditos, mas não alteram o sentido e a compreensão da entrevista publicada na *Folha* em 16 de setembro de 2000: "A Globo segundo Boni: Consultor da presidência da rede fala de seus trinta anos à frente da emissora".

Em 22 de maio de 1969, quatro meses depois do anúncio do fim de *O Homem do Sapato Branco*, o diretor de produção da Globo em São Paulo, Luiz Guimarães, falou publicamente sobre o assunto. Ele afirmou que o programa de Jacinto foi tirado do ar em consequência não da prisão, em janeiro, mas da cassação do seu mandato, em março, no processo de "reestruturação da emissora". A notícia informava ainda que Jacinto "agora se mantém em programa mais ameno na Rádio Nacional, também pertencente às Organizações Globo".

Boni hoje reconhece que a cassação de Jacinto pelo AI-5 foi usada como um pretexto para rescindir o contrato. É um depoimento importante:

> A saída do Jacinto para reestruturação da grade da Globo já havia sido prevista meses antes. A nova programação teria outro alvo e outro estilo. A cassação veio em seguida à prisão e, certamente, essas colaboraram para o encerramento do programa. Mas não foi especificamente a cassação. Ela não impedia o Jacinto de fazer televisão. Vários cassados estavam na Globo e não foram embora. A verdade é que não iríamos renovar e eu aproveitei o fato. Tirei o programa do ar, dando férias ao Jacinto, para cumprir assim o tempo que faltava de contrato. A Rádio Nacional de São Paulo era da mesma empresa, mas era independente e resolveu manter o Jacinto.

Jacinto guardou mágoa de Boni. Questionado certa vez sobre quem o obrigaria a atravessar a rua para não ter que encontrar, o apresentador citou apenas um nome, justamente o de Boni. "Que se esqueceu de dizer no seu livro[3] que eu fui o maior

---

[3] Jacinto possivelmente está se referindo ao livro *50/50*, organizado por Boni em 2000, com cinquenta depoimentos de nomes importantes na história da televisão e no qual não é citado. A biografia de Boni só foi publicada em 2011, após a morte de Jacinto (e também não o cita).

Ibope da televisão dele, que era a Globo, e coloquei ela em primeiro lugar. O Walter Clark falou. Inclusive em livro. Consta que eu coloquei a emissora em primeiro lugar."

Quanto tempo Jacinto Figueira ficou preso? Numa evidência de que não se pode confiar na memória, relatos de diferentes fontes mencionam de três a setenta dias. Nem mesmo quem o prendeu tinha certeza. Não é piada, como se pode ler numa atualização de sua ficha no Serviço Nacional de Informações, feita em novembro de 1977: "Foi detido pelo DPF em 20 de janeiro de 1969, no cárcere por um mês, aproximadamente". Na verdade, como está documentado, Jacinto ficou preso por oito dias, de 20 a 27 de janeiro. O que ocorreu nesse período também é motivo de muitos exageros e mistificações.

Luiz Eduardo Borgerth, que chefiava a Globo em São Paulo, conta que foi informado da prisão pelo diretor da Rádio Nacional, Francisco de Paula Noronha de Abreu, e dirigiu-se imediatamente à Polícia Federal, onde foi recebido por um coronel, que o tranquilizou, dizendo que Jacinto havia sido preso "para averiguações". Borgerth foi então levado à presença de Jacinto e o encontrou "encolhido de medo e nervoso". Não sabia a que atribuir a prisão. Uma ficha do Serviço Nacional de Informações com data de 8 de março de 1969, ou seja, elaborada um mês e meio depois da prisão, registra que Jacinto foi detido "em virtude de denúncias de ter infringido artigos do Código Penal Brasileiro, bem como da Lei de Segurança Nacional". O documento não informa, porém, quais artigos foram infringidos. A ficha registra ainda que o então deputado "foi submetido a severo interrogatório".

Exageros sobre a duração da prisão e o que aconteceu nas instalações da Polícia Federal vão servir para uma narrativa que busca realçar o lado heroico do apresentador. Em 1982, ao ser homenageado no quadro "Esta É a Sua Vida", no SBT, J. Silvestre disse: "Foi preso e proibido de trabalhar em televisão.

Aqueles sessenta dias passados nas sombrias masmorras, felizmente, são coisa do passado, mas foram devastadores na sua vida". O próprio Jacinto ajudou a alimentar exageros e lendas. Em 1992, entrevistado por Jô Soares, falou em "setenta dias" de detenção e péssimas condições no cárcere ("Me botaram numa cadeia sem banheiro. Tinha que fazer necessidades em pé ou na pia"). Afirmou ainda que sofreu violência ("uma tapona no ouvido"), que lhe causou perda de audição ("30% a menos", disse), mas elogiou o general Silvio Correia, então diretor da Polícia Federal e responsável pela prisão ("merece o meu respeito").

Em maio de 2001, a história da violência física ganhou uma dimensão ainda mais pesada. A revista *IstoÉ* afirmou que Jacinto foi agredido pelo famigerado delegado Sérgio Paranhos Fleury: "Visitava diariamente cela por cela, distribuindo sessões de palmatória". A biografia de Blota Jr. reproduziu esse fato controverso e acrescentou: "Chocado com a situação que viu, imediatamente Blota Jr. começou a usar toda a sua influência nos bastidores do governo para conseguir a soltura de Jacinto. Foi uma batalha intensa, porém bem-sucedida. Em vinte dias, o homem do sapato branco estava solto". Pelo menos duas pessoas que o visitaram na prisão fazem relatos bem diferentes sobre a "batalha intensa" que viram lá. Tanto Helvio Figueira, então com dezessete anos, quanto Miriam, que tinha treze anos, foram levados pelo pai Valdemar e descrevem uma situação bem mais tranquila. Diz ela:

> Ele foi preso, mas não foi maltratado. Foi muito bem tratado. É mentira que sofreu violência. Eu era pequena, mas ia todo dia visitar ele. Ele ficou numa cela individual. Quando ele passava para tomar o banho, o pessoal [outros presos] ovacionava ele. Surdez realmente deve ser do DNA. Meu pai também tinha problema de audição. Isso aí [a tapona no

ouvido] foi um pouco de sensacionalismo. Ele pode ter até falado, mas não aconteceu. Ele ficou cerca de um mês preso. O Baiuca[4] levava refeição para ele. Investigaram a vida. Ele sofreu retaliações na vida, mas não sofreu fisicamente.

Pelo menos quatro jornais noticiaram a libertação de Jacinto após oito dias preso. Não havia motivos nem para quem publicou nem para quem passou a informação inventar uma notícia como essa. É possível afirmar sem medo que os relatos de que ficou vinte, trinta, sessenta ou setenta dias preso não são verdadeiros. Jacinto jamais foi processado em função dos acontecimentos de 15 de dezembro de 1968, mas sua vida mudou radicalmente após esse dia. Foi preso em 20 de janeiro de 1969, um dia antes de a Globo anunciar a decisão de rescindir seu contrato. Deixou a prisão em 27 de janeiro. Em 7 de fevereiro, a Assembleia Legislativa de São Paulo foi fechada. E em 13 de março teve o mandato cassado e os direitos políticos suspensos por dez anos.

---

4 Tradicional bar e restaurante localizado no centro de São Paulo.

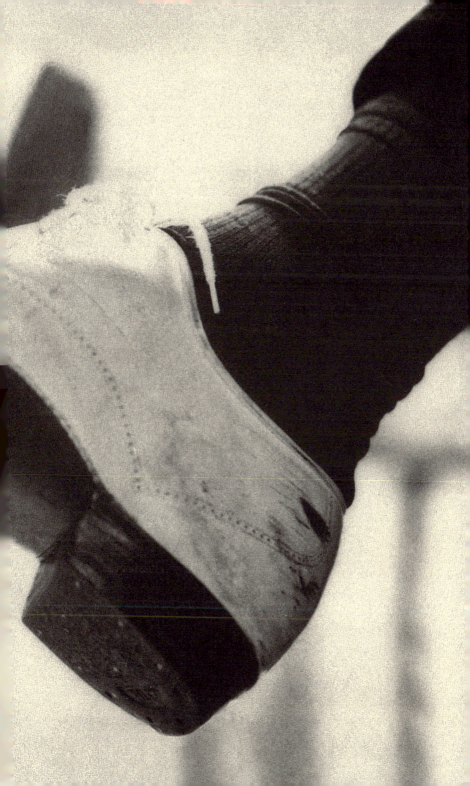

Segundo filho de um casal de imigrantes portugueses, Jacinto nasceu em 1927, em São Paulo. Nunca passou necessidades. Viveu a infância e a juventude no bairro do Pari, vizinho do Brás. Graças aos esforços do pai, que ganhava a vida como empreiteiro de obras e foi dono de uma firma de tamanho médio, Jacinto estudou em colégio particular.

Dois anos mais velho, Valdemar (à direita) assumiu mais responsabilidades após a morte do pai e cuidou de Jacinto. Foi Valdemar que, com a ajuda de um radioamador, localizou o irmão no interior de São Paulo após o adolescente sumir de casa e viajar com um circo. Muitos anos depois, quando Jacinto esteve entre a vida e a morte, foi também o irmão mais velho que consentiu a realização de uma delicada cirurgia cardiovascular que o caçula não queria fazer.

Jacinto gostava de cantar e chegou a acreditar que a música seria o seu meio de vida. Na década de 1940, montou o grupo Júnior e seus Cowboys, no qual era o crooner. Imitando o norte-americano Roy Rogers, que fez fama como cantor de música country e ator de westerns, Jacinto era acompanhado dos músicos Dioguinho (acordeão), Adolfo (percussão), Jose Sotta (violino) e Ditinho (violão). Em carreira solo, participou de vários programas de calouros no rádio e gravou alguns discos com músicas românticas.

Acima, nos primórdios da televisão, na década de 1960, as pesadas câmeras da TV Cultura, em São Paulo, testemunharam o nascimento de *O Homem do Sapato Branco*. A emissora então pertencia ao grupo Diários Associados, de Assis Chateaubriand.

Na década de 1980, Jacinto apresentou o seu programa na Record e no SBT. As gravações em estúdio reuniam dezenas de participantes, que muitas vezes encenavam brigas.

Jacinto estreou na Globo em maio de 1968. Os executivos da emissora justificaram a contratação do apresentador sensacionalista sob o argumento de que, naquele momento, era preciso elevar a audiência do canal. Mas o anúncio que a Globo mandou publicar nos jornais para divulgar a estreia mostra um Jacinto glorioso, como representante do bom jornalismo: "O impacto da reportagem! A dimensão do fato! Empolgante como nunca!".

Como já havia feito em anos anteriores, Jacinto promoveu, em dezembro de 1968, uma distribuição de brinquedos para crianças pobres no centro de São Paulo. Mal organizada, a ação atraiu milhares de pessoas e terminou em grande confusão, com intervenção da polícia e muita gente ferida. Os jornais, como o *Diário da Noite*, aproveitaram a tragédia para criticar o apresentador.

A popularidade alcançada com o programa de televisão transformou Jacinto em uma celebridade. Em 1966, ele disputou as eleições para a Assembleia Legislativa de São Paulo. Por onde passou fazendo campanha, como no Jardim Galante, despertou interesse e atraiu grande público. Foi o sétimo deputado mais votado no estado, com 28 052 votos.

Jacinto foi um deputado estadual sem maior expressão. Não aprovou nenhum projeto e pouco participou de debates legislativos. Em compensação, transformou o seu gabinete num posto de assistência. Os corredores da Assembleia Legislativa recebiam centenas de pessoas por dia, em busca de ajuda do deputado. Jacinto foi criticado por ter transformado o local em um "pátio de milagres".

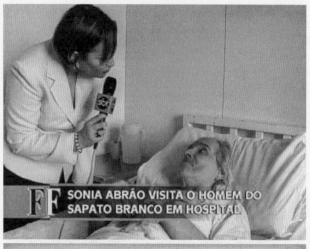

Com problemas de saúde e passando por dificuldades financeiras, no final da vida Jacinto foi vítima do que fez durante sua carreira: o sensacionalismo. A apresentadora Sonia Abrão, do SBT, expôs o drama de Jacinto em uma entrevista no leito do hospital.

Em 1984, Jacinto foi parar nas páginas dos jornais populares depois de flagrar um garçom em companhia de sua mulher, Maria Andreia Godoy, no apartamento em que moravam. O apresentador chegou a dar um tiro, mas não feriu o garçom. O caso não deu em nada.

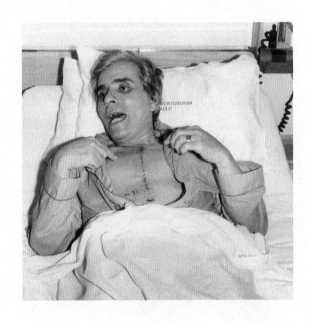

Em março de 1981, o apresentador foi submetido a uma cirurgia cardíaca de emergência, sob o comando do célebre dr. Zerbini. Ainda em recuperação, deu entrevistas no leito do hospital, exibindo a enorme cicatriz, que ia da parte superior do tronco até quase o umbigo.

Jacinto cultivava um jeitão de galã na década de 1960. Não por acaso, várias vezes foi chamado para atuar em obras de ficção da TV Cultura. Apesar de seus programas abordarem temas pesados e violentos, o apresentador se tornou uma celebridade que tinha uma imagem positiva.

Silvio Santos teve papel decisivo em vários momentos da carreira de Jacinto. Acima, ele entrega o Troféu Simpatia Popular ao apresentador. Ao inaugurar o SBT, Silvio relançou *O Homem do Sapato Branco* e depois também chamou Jacinto para atuar no *Aqui Agora*.

Ao entrevistar Jacinto, Jô Soares observou: "Você é de um cinismo que eu fico espantado. Você chega de moralizador, apaziguador, e depois quebra um pau. Provoca e apazigua".

11.
Cassação do mandato: "Uma das maiores calamidades de São Paulo"

O deputado estadual Jacinto Figueira Júnior teve o mandato cassado e os direitos políticos suspensos por dez anos na tarde de 13 de março de 1969, durante a 47ª sessão do Conselho de Segurança Nacional. Foi uma decisão inesperada e incompreensível, tendo em vista sua trajetória parlamentar. Até o fim da vida, Jacinto especulou sobre as possíveis razões da violência que sofreu. Arriscou várias hipóteses, mas não chegou perto das verdadeiras razões.

A cassação teve um impacto terrível, e não apenas por interromper sua incipiente carreira na política. Ele ficou afastado da televisão por dez anos, até 1979, ainda que o decreto da ditadura não se estendesse ao seu trabalho como apresentador. Embora *O Homem do Sapato Branco* fosse um sucesso de audiência na TV Globo, a cassação de Jacinto não teve maior repercussão nos jornais nos dias seguintes. O que mais chamou a atenção ao final da 47ª sessão do CSN foi o tamanho da brutalidade — 92 deputados estaduais, três deputados federais e um prefeito perderam o mandato naquele dia. Foi, até então, o maior número de cassações ocorrida numa mesma sessão do CSN desde a decretação do AI-5, três meses antes, em 13 de dezembro de 1968. Nas três sessões anteriores[1] foram cassados os mandatos de 71 parlamentares no total.

[1] Na 44ª sessão, em 30 de dezembro de 1968, foram cassados onze parlamentares. Em 16 de janeiro de 1969, na 45ª sessão, as cassações atingiram trinta parlamentares. E na 46ª sessão, em 7 de fevereiro, outros trinta parlamentares foram cassados.

O AI-5, que perdurou por dez anos, deu ao presidente o poder de cassar mandatos, decretar confisco de bens, suspender habeas corpus, fechar o Congresso e estabelecer a censura prévia à imprensa. A ata da sessão que cassou Jacinto, além de deixar clara a fragilidade das acusações que pesavam contra o deputado, ajuda a vislumbrar a ditadura em ação. Autoritarismo, despreparo, leviandade, preconceitos e falta de modos saltam aos olhos da leitura das 203 páginas do documento.[2] Mas é possível imaginar que a transcrição da reunião não reflita fielmente o que aconteceu — teria sido ainda pior. O jornalista Elio Gaspari, que teve acesso à ata da 43ª sessão, a que decretou o AI-5, em 13 de dezembro de 1968, ouviu uma fita gravada com o áudio daquela reunião. Ele observou que há distorções significativas no documento escrito. "Em alguns casos trata-se de consequência de simples revisão de votos, proferidos de improviso. Em outros — diversos — as divergências são produto de fraude política", escreve.

O relato que faço aqui da 47ª sessão se baseia unicamente na leitura da transcrição registrada na ata da reunião de 13 de março de 1969, ocorrida no Palácio Laranjeiras, no Rio de Janeiro ("Palácio das Larangeiras", anota o documento). Começou às 15h30 e terminou às 18h. Nesse período, segundo informou o comunicado oficial divulgado à imprensa, os 96 processos de cassação foram "longa e minuciosamente examinados". Como analisar um volume tão grande de processos de cassação em 150 minutos? Mesmo sob censura, a imprensa registra o absurdo. "Certamente que os exames e análises foram sumaríssimos a julgar pelo tempo que durou a reunião", observa *O Globo*.

O encontro, conduzido pelo presidente Costa e Silva, contou com a presença do vice-presidente Pedro Aleixo, bem como de todo o ministério e autoridades militares que integravam

[2] Arquivo Nacional.

o Conselho de Segurança Nacional, num total de 25 homens.[3] Jayme Portella de Mello, chefe do Gabinete Militar da Presidência da República, era também o secretário-geral do CSN. Mal começa a reunião, Costa e Silva informa que Portella "procederá como se fosse um advogado da parte, examinando os processos presumíveis dos réus, pois é o indivíduo quem faz a sua ficha". Na verdade, o chefe do Gabinete Militar apenas providencia a leitura das fichas dos acusados, com a "exposição de motivos" para a cassação. Ninguém faz a defesa deles. O presidente diz ainda que nem ele nem o ministro da Justiça, Gama e Silva, têm qualquer envolvimento pessoal com os acusados: "Nós não temos nenhum interesse, na maioria dos casos, nem eu nem o ministro da Justiça conhecemos os elementos que serão apreciados", afirma Costa e Silva. Como se verá, o presidente sabia muito bem quem era Jacinto. E, segundo Jacinto diria anos depois, o ministro também o conhecia bem.

Os casos são analisados por estado, começando com os deputados do Acre, depois do Amazonas, e assim sucessivamente,

---

[3] Costa e Silva, presidente; Pedro Aleixo, vice-presidente; Jayme Portella de Mello, chefe do Gabinete Militar da Presidência da República; Rondon Pacheco, chefe do Gabinete Civil; Gama e Silva, ministro da Justiça; Augusto Hademaker, ministro da Marinha; Aurélio de Lira Tavares, ministro do Exército; Magalhães Pinto, ministro do Exterior; Delfim Neto, ministro da Fazenda; Mario Andreazza, ministro dos Transportes; Ivo Arzua, ministro da Agricultura; Tarso de Moraes Dutra, ministro da Educação e Cultura; Jarbas Passarinho, ministro do Trabalho e Previdência Social; Marcio Souza e Melo, ministro da Aeronáutica; Leonel Miranda, ministro da Saúde; Antonio Dias Leite, ministro das Minas e Energia; Macedo Soares, ministro da Indústria e Comércio; Helio Beltrão, ministro do Planejamento; José Costa Cavalcanti, ministro do Interior; Carlos Simas, ministro das Comunicações; Emílio Garrastazu Médici, chefe do SNI; Orlando Geisel, chefe do Estado-Maior das Forças Armadas; Adalberto de Barros Nunes, chefe do Estado-Maior da Armada; Adalberto Pereira dos Santos, chefe do Estado-Maior do Exército; Carlos Alberto Huet de Oliveira Sampaio, chefe do Estado-Maior da Aeronáutica.

até chegar aos parlamentares do Rio Grande do Sul. Após citar os nomes dos três parlamentares acreanos (dois da Arena e um do MDB), Costa e Silva pergunta: "Alguém do Norte os conhece? Eles são notoriamente incapazes para a função, seja por corrupção, seja por subversão. Creio mesmo que a maioria dos deputados cujos processos serão apreciados o serão por corrupção. Esses deputados fazem o negócio da função, o tráfico do poder". Na verdade, a proporção é bem equilibrada entre os acusados de "subversão" e os apontados como "corruptos". Os dossiês lidos foram preparados pelos serviços de informação do governo com base em notícias de jornal e, muitas vezes, em rumores. Um deputado cassado, por exemplo, "nomeou amantes para cargos na Assembleia". Outro tinha fama de "contrabandista" e um terceiro era amigo de um contraventor do jogo do bicho. Também foi cassado um "político inescrupuloso e devasso" e um "corrupto e simpatizante do comunismo".

São as acusações aos "subversivos" que deixam mais explícito o jogo de cena do "julgamento". Dezenas de deputados são cassados com base em acusações vagas, de caráter ideológico. Até mesmo o ato de criticar o governo na tribuna justifica a perda do mandato: "Esquerdista, defende ideologia subversiva, intransigente acusador do movimento revolucionário", diz um dos dossiês lidos na reunião. A ficha de um parlamentar informa que "defendeu países comunistas em verdadeira declaração de fé marxista". O dossiê de outro diz: "Se não é atualmente subversivo atuante, o é em potencial". A ficha sobre Fernando Perrone, colega de Jacinto na Alesp, avisa: "É comunista convicto e atuante desde os bancos escolares, tendo participado, inclusive no exterior, desde aquela época, de inúmeros congressos e reuniões de caráter comunista".

Sobre Perrone, Gama e Silva avisa a Costa e Silva: "Desejo informar a vossa excelência que este homem é comunista, é filho de um meu colega de turma, que aliás mandou-se uma carta muito simpática. Esse rapaz, no dia 14 de dezembro, fugiu para o Chile, onde se encontra até hoje, ato que define claramente o seu comportamento".

Ao final da leitura de cada dossiê, o presidente pergunta: "Alguma objeção?". A ata não registra, em momento algum, qualquer objeção dos presentes. De todos os cassados naquela reunião, Jacinto foi um dos que mereceram menos considerações. Os motivos e as justificativas que embasam a decisão ocupam menos de uma página da ata. Os outros três deputados de São Paulo cassados, Esmeraldo Tarquínio, José Marcondes Pereira e Fernando Perrone, todos do MDB, foram acusados de serem "esquerdistas". O dossiê de cada um deles ocupa três páginas da ata, o triplo do espaço dedicado a Jacinto.

Antes de Jayme Portella de Mello pôr o dossiê sobre Jacinto em pauta, Costa e Silva faz uma observação curiosa, demonstrando conhecer bem o acusado. "Este homem é definido como o homem do sapato branco, é uma das maiores calamidades de São Paulo, sua presença é um fator de desmoralização para a Assembleia Legislativa de São Paulo." O dossiê lido classifica Jacinto como "demagogo e explorador, para fins eleitorais, da boa-fé e da miséria das classes mais desfavorecidas". Afirma que é apresentador do programa *Um Fato em Foco*, "no qual explora a figura do desajustado na sociedade". Diz que é "acusado de apoiar, com outros dois deputados (Fernando Perrone e Helio Dejtiar), uma quadrilha de exploradores da favela Vergueiro". É também acusado de ter assinado um documento que criou a "Frente Parlamentar Anti-Arrocho", cuja função é ajudar trabalhadores e assalariados a restituírem conquistas perdidas: "aposentadoria aos trinta anos de serviço e, principalmente, reajustes salariais ao nível do desgaste inflacionário e da dignidade humana".

O dossiê que levou à cassação de Jacinto detalha ainda o que ele faz na televisão: "A tônica é a exploração sórdida da miséria humana através da apresentação de indivíduos que, por infelicidade, atingiram o mais baixo grau de degradação física e moral". A peça de acusação resume, ainda, os incidentes ocorridos às vésperas do Natal de 1968, quando "prometeu distribuir, fartamente, a quem comparecesse a determinada estação de televisão, roupas, alimentos e remédios", e que "culminaram com tumulto e correrias". Diz o texto que "o deputado em questão fugiu do local e a polícia, tendo sido chamada, a muito custo restabeleceu a ordem, resultando, no entanto, ao final pessoas feridas, abortos, constando, inclusive, terem ocorrido mortes". Após a leitura de um texto que soma apenas 315 palavras, Costa e Silva diz: "O presidente da República resolve suspender, por dez anos, os direitos políticos e cassar o mandato eletivo estadual do sr. Jacinto Figueira Júnior". Apesar de diminuto, há vários erros e imprecisões no dossiê preparado para embasar a cassação de Jacinto, um sinal de pressa e improviso.

1. *Um Fato em Foco* foi o programa que Jacinto apresentou na TV Cultura entre abril de 1963 e junho de 1965, após o fim de *Câmeras Indiscretas*. O programa que o tornou famoso foi *O Homem do Sapato Branco*, lançado em julho de 1965 na Cultura, e que posteriormente foi exibido na TV Bandeirantes e na TV Globo. Ou seja, quem elaborou a ficha talvez jamais tenha assistido ao programa.

2. A menção a "exploradores da favela do Vergueiro" é uma reprodução literal da fala de Wilson Abujamra, presidente do Movimento das Organizações Voluntárias (MOV), que denunciou ao SNI a atuação de Jacinto, Perrone e Dejtiar em defesa de moradores da favela do Vergueiro que se opunham à remoção promovida pela entidade. Uma prova da pouca importância desse evento é o fato de o deputado Helio Dejtiar nem sequer ter sido indicado para cassação.

3. A Frente Parlamentar Anti-Arrocho, como informa o próprio documento, era uma frente pluripartidária, como outras nascidas em 1967, inclusive no movimento sindical, na tentativa de conseguir a reposição de perdas salariais corroídas pela inflação. Está longe de ser "subversiva".

4. Não é verdade que Jacinto tenha fugido do local no dia dos tumultos causados pela ação de Natal, em dezembro de 1968. Nenhum dos oito jornais que consultei, mesmo os mais críticos à atuação do apresentador, falam em "fuga" naquele dia. Todos relatam a mesma situação: que o deputado foi levado ao Dops para "prestar esclarecimentos" sobre o ocorrido, tendo sido liberado no mesmo dia. Ao afirmar que ele "fugiu do local", o dossiê sugere um ato de covardia que Jacinto não demonstrou naquele dia.

5. Também jamais foi comprovada a ocorrência de mortes durante a confusão. O dossiê dá trela a um rumor ("constando, inclusive, terem ocorrido mortes") que não é citado nem mesmo em duas fichas do SNI sobre Jacinto a que tive acesso.

Não se deve esperar justiça e lógica dos atos de um regime autoritário. Mas mesmo para os padrões da ditadura brasileira, a cassação de Jacinto soa inexplicável. O dossiê apresentado na reunião do CSN indica que a principal acusação era a organização desastrosa da ação de Natal em dezembro de 1968. Mas creio que a chave para a decisão está no curto comentário de Costa e Silva que antecede a leitura do seu dossiê. Divido a frase em três partes: ele se refere ao apresentador de televisão ("Este homem é definido como o homem do sapato branco"), lamenta a sua forma de atuar ("é uma das maiores calamidades de São Paulo") e conclui que ele prejudica a imagem do Parlamento ("sua presença é um fator de desmoralização para a

Assembleia Legislativa de São Paulo"). Ou seja, é uma condenação não substantiva, claramente de ordem moral.

Jacinto não foi cassado por seu desempenho — medíocre, diga-se — como deputado estadual. Nem por ser subversivo nem por ser corrupto, as duas principais razões alegadas na grande maioria dos casos de cassação de mandato pelo AI-5. Mas sim porque o presidente e, tudo indica, o ministro da Justiça não gostavam do Homem do Sapato Branco. E enxergavam um potencial risco em sua dupla atividade na política e na televisão. É possível dizer que Jacinto era temido pelo seu poder de comunicação. Tinha planos de disputar uma eleição como senador e quem sabe aonde poderia chegar.

"Que culpa teve ele?", pergunta o sobrinho Helvio Figueira. E ele próprio responde: "Jacinto era muito mais conhecido que o presidente da República, do que qualquer governador". A sobrinha Miriam afirma que o então governador de São Paulo, Abreu Sodré, havia advertido Jacinto no início do mandato a não fazer política assistencialista. Não há, porém, como assegurar que essa conversa de fato ocorreu. Nas lembranças de Miriam, o jornalista Ferreira Netto, amigo de Jacinto, disse a ele no dia em que foi diplomado como deputado que não deveria fazer política voltada para os mais pobres. "Você vai ser cassado. Não vai conseguir", teria dito Ferreira. Simpatizante do regime militar, o jornalista Paulo Zingg, do *Diário de Notícias*, ao comentar a prisão de Jacinto, deixou no ar uma sugestão a respeito do seu potencial, comparando-o ao ex-presidente Jânio Quadros. Zingg escreve que Jacinto é "responsável por um programa de televisão que se destacava na imbecilização do povo e que já apontava como o futuro Jânio".

O nome de Jacinto consta de uma correspondência enviada pelo ministro da Justiça ao presidente em 27 de fevereiro de 1969, duas semanas antes da reunião, pedindo a cassação dos mandatos de 35 deputados estaduais do Espírito Santo, Goiás, Guanabara,

Paraná, Rio de Janeiro, Rio Grande do Sul e São Paulo.[4] Na sequência, em nova correspondência (sem data) que antecede a sessão em 13 de março do CSN, Gama e Silva sugere mais oitenta nomes, de dezoito estados diferentes, totalizando assim 115 deputados estaduais enviados para o "corredor da morte". Durante a sessão, Costa e Silva disse que salvou da degola 25% dos nomes sugeridos. "Embora por isso possa ser tachado de tolerante", gracejou. "Há a ideia de não se tolerar os ruins, os péssimos, mas em todo caso não podemos pretender a perfeição humana. No meu crivo, foram toleradas algumas fraquezas humanas, mas uma coisa eu asseguro, nenhum desonesto foi poupado."

Sem direito a defesa, sem acesso à ficha que foi apresentada na reunião do CSN e com base apenas no que ouviu no Dops e de conhecidos, Jacinto naturalmente teve dificuldades para entender sua cassação. Com razão, especulou a respeito até os últimos dias da vida. "Não sei. Evidentemente, ninguém sabe. Não seria eu a ter uma bola de cristal para dizer o porquê de ter sido cassado", disse, em 1979, ao recuperar os direitos políticos. Um ano depois, passou a mencionar um tema que ganharia corpo em outras análises, a de que o seu programa apenas reproduzia a realidade: "Dizem que meu programa é mundo cão. Mas mundo cão é a realidade brasileira, meu amigo. Por não gostar da paisagem, eles condenam a janela. Eu sou a janela". Em entrevistas posteriores, Jacinto atribuiu a cassação ao então ministro da Justiça, Gama e Silva. Em 1992, disse que foi uma "vingança pessoal" do ministro, mas não explicou por quê. Em 2002, respondendo sobre o mesmo assunto a Antônio Abujamra, elaborou um pouco a justificativa:

> Quem me cassou foi o Gama e Silva, que eu aliás vi ele morrer. Nosso amigo Gama e Silva não gostava de mim. Quem

---

4 Arquivo Nacional.

falou pra mim? A mulher dele, a d. Edi. Falou: "Meu marido não gosta de você, mas eu gosto. Gosto de assistir você". O que eu fiz para o seu marido? "Nada. Mas ele se incomoda com o seu Ibope, com o Ibope que você tem na televisão. Ele fica preocupado." E daí? Por que eu sou do MDB? "Não tem nada… Ele não vai te cassar nunca." Só que ele me cassou.

Luís Antônio da Gama e Silva morreu no dia 2 de fevereiro de 1979. Tinha 65 anos. Sofreu um infarto fulminante enquanto almoçava com amigos no restaurante do Automóvel Clube de São Paulo. Sobre o fato de ter presenciado essa cena, Jacinto disse, em um programa de rádio, que estava almoçando no mesmo local no momento da morte. "Um garçom disse: o ex-ministro morreu. Fui lá ver." E emendou um gracejo de muito mau gosto: "Ele estava morto ainda com macarrão no canto da boca. Fui no ouvido dele e falei: 'Belo, você me cassou por dez anos e eu te cassei eternamente'. Você sabe que o ouvido leva três horas pra morrer? Ele ouviu".

Miriam Figueira vê todos esses depoimentos do tio Jacinto com muitas ressalvas. "Pelo que eu sei, ele nunca viu o Gama e Silva. Recebeu gente a mando do ministro na casa da minha avó", diz. Assim como o irmão, ela defende a tese de que não interessava à ditadura militar uma figura com a popularidade de Jacinto. "Quando ele foi preso, militares entraram na casa da minha avó. Vasculharam tudo. Diziam que ele tinha dinheiro fora do país. Sendo que ele nunca viajou para fora do país", diz a sobrinha. "Mas violência física ele não sofreu."

Naquela que foi, segundo Clery Cunha, sua última entrevista, gravada em vídeo,[5] Jacinto deixou claro que nunca se conformou com a perda do mandato:

---

[5] Disponível em: <www.youtube.com/watch?v=peg8pmwemk4>. Acesso em: 18 jan. 2023.

Eu fui um dos deputados mais votados. A inveja foi tão grande que me cassaram o mandato. Por inveja. Vendeta pessoal. Cassado por quê? O que eu cometi? Nada que realmente pudesse ofender a minha dignidade. A política é desumana, cruel. Não fui corrupto, não sou subversivo. Não fui nada que pudessem me atingir. E me atingiram. Me cassaram por cassar. Mas eu vou tentar ainda uma indenização que o governo deve pra mim, viu?

12.
Uma década no ostracismo

O período de 1969-79 foi o mais difícil na vida do Homem do Sapato Branco. Jacinto ficou dez anos longe da televisão. Foi um tombo pesado. Em 1982, ao evocar essa década de ostracismo no famoso episódio do "Esta É a Sua Vida", J. Silvestre começou, corretamente, pelo caos causado por Jacinto no evento de Natal, em dezembro de 1968. Carregando no melodrama, uma de suas especialidades, o apresentador disse:

> O Homem do Sapato Branco foi dado como responsável. Responsável porque 100 mil pessoas não tinham condições de comprar presentes de Natal para os seus filhos. Foi preso e proibido de trabalhar em televisão. Aqueles sessenta dias passados nas sombrias masmorras,[1] felizmente, são coisa do passado, mas foram devastadores em sua vida. As centenas de amigos que pululavam à sua volta, a parentada que estranhamente brotava, formando uma família imensa, todo mundo sumiu. Nessas horas são muito poucos os que têm coragem de ficar ao lado do perdedor. É perigoso, é desagradável, é arriscado ficar do lado fraco.

O espectador que não chorou com essa descrição certamente chorou em seguida, quando Silvestre emendou:

---

[1] Como mostrei no capítulo sobre a prisão, esse dado (sessenta dias) é questionado por várias outras fontes.

Sozinho no meio da multidão. Essa é a pior forma de solidão. Era assim que você se sentia. Com os conhecidos fugindo. Com as portas trancadas. Com parentes sumidos num cômodo anonimato da conivência. Sem emprego. O ex-deputado, ex-apresentador, ex-cantor via a sua vida desmoronar na voragem do caos. Vendeu tudo que tinha para fazer dinheiro. Carros, propriedades, bens, foi tudo. Sem emprego, contas fechadas no banco, 150 títulos protestados. Isso foi o que restou para o Homem do Sapato Branco, que estava descalço.

Descontados os exageros, a fala de Silvestre ajuda a visualizar a situação de Jacinto. Não é verdade que todas as portas se fecharam. O próprio apresentador do "Esta É a Sua Vida" reconhece em seguida que o Homem do Sapato Branco não ficou descalço. Francisco de Paulo Noronha de Abreu, diretor da Rádio Nacional, lhe ofereceu um programa diário (*A Cidade É Assim*), na faixa vespertina, das quinze às dezesseis horas. Segundo Miriam Figueira, o tio "recebia muito bem" na rádio. Ela também nega que Jacinto tenha ficado depauperado, como disse Silvestre. "Ele tinha uma situação razoável", diz. Mas reconhece que sua avó, mãe de Jacinto, o ajudou nesse período. "Minha avó tinha imóveis. Deu dinheiro pra ele."
A verdade é que Jacinto já trabalhava na Rádio Nacional, ocupação que acumulava com o programa na TV Globo. E não perdeu esse emprego na esteira dos acontecimentos de janeiro de 1969. O papel de Abreu é decisivo nessa história, como bem pontua Silvestre. Naquele momento, a Rádio Nacional pertencia ao Grupo Globo e, com a sua receita, ajudava a pagar as despesas da televisão em São Paulo. Luiz Eduardo Borgerth contou que Abreu lamentava o uso de receitas da rádio no pagamento de contas inadiáveis da televisão, porque isso atrapalhava os investimentos que planejava fazer. Por aí dá para

medir o prestígio do diretor da Nacional e entender como Jacinto, pouco querido por Boni, Clark e o próprio Borgerth,[2] continuou trabalhando no grupo mesmo após perder o programa na televisão e tudo o mais.

A principal atração da rádio no final dos anos 1960, início dos 1970, era Silvio Santos, que mantinha um programa matinal diário, além de ser o principal anunciante, com o Baú da Felicidade.[3] Outro destaque era Omar Cardoso, astrólogo famoso, que fazia previsões diárias no ar. Pedro Geraldo Costa apresentava o programa *Meditação*, que tratava de assuntos religiosos. Jacinto se sentia um peixe fora d'água na rádio e chegou a dizer certa vez que fora mantido na Nacional "por piedade do Abreu", o que é bem possível. Ainda que sem evidências conhecidas, dizia também que Gama e Silva exigiu, após a cassação, em março de 1969, que ele fosse demitido da rádio. Segundo seu relato, Abreu teria recebido o pedido de Gama e Silva e o transmitiu a Roberto Marinho. No final daquele ano, o dono da Globo pegou um avião e foi a Brasília falar com o general Emílio Garrastazu Médici. Na história com ares de fantasia contada por Jacinto, Marinho disse ao presidente do Brasil: "O nosso amigo não fez nada. Foi cassado de graça. Não é subversivo, não é comunista, não é nada. Era até um deputado fraquinho. O ministro quer mandá-lo embora da rádio. Da TV eu mandei, mas da rádio eu não posso". Convencido, Médici teria enviado um comunicado exigindo que ninguém mexesse com Jacinto.

---

[2] "Jacinto Figueira Júnior, o ex-Homem do Sapato Branco, já ultrapassado o cume de seu prestígio, tinha um programa vespertino", escreve Borgerth em suas memórias. [3] Silvio também era a maior audiência da TV Paulista. Em *Topa tudo por dinheiro* (São Paulo: Todavia, 2018), detalho como ele ajudou a Globo nesse período, emprestando dinheiro à emissora.

Em março de 1972, num episódio cercado de versões conflitantes, Silvio Santos adquiriu "secretamente" 50% das ações da Rádio e TV Record.[4] A partir de 1976, quando inaugurou a TVS, canal 11, no Rio de Janeiro, a sociedade com a família Machado de Carvalho se tornou pública, e Silvio promove uma série de investimentos na rádio. Entre 1978 e 1979, contrata Barros de Alencar, Gil Gomes e Jacinto. Apoiada em uma programação matinal popular (com programas do sertanejo Zé Bettio, a reportagem policial de Gil Gomes e o de variedades do próprio Silvio), a emissora alcançou o primeiro lugar de audiência em São Paulo, posição que manteve por muitos anos. Assim como vinha ocorrendo na Rádio Nacional, Jacinto também não ocupa a faixa matinal, a mais nobre, nem registra uma audiência notável com o seu programa.

A perda dos direitos políticos por dez anos, justamente no período de maior arbitrariedade da ditadura militar, funcionou como um estigma, uma mancha que provocava medo e repulsa. Nada proibia Jacinto de voltar a trabalhar na televisão ou no rádio. Mas ninguém (ou quase ninguém) o queria por perto. Ao se recordar desse período, um jornalista amigo, Ramão Gomes Portão, escreveu que a cassação do mandato em 1969 significou "o golpe fatal do seu assassínio político e a segregação como político cassado, proibido nos meios de comunicação, restando-lhe apenas o apoio do dono de empresa, que lhe permitiu continuar no emprego para não morrer de fome". E acrescentou: "Mas assim, entretanto, morria o Homem do Sapato Branco, sobrevivendo o Jacinto Figueira Júnior, apenas respondendo a ridículas cartas num programa de correio sentimental". Escondido no rádio, sem conseguir trabalho na televisão, Jacinto submergiu na mídia ao longo de toda a década de 1970. Como se tivesse morrido, não era mais procurado

---

4 Trato desse negócio, em detalhes, em *Topa tudo por dinheiro*, op. cit.

para entrevistas nos jornais e as revistas que acompanham o mundo artístico o ignoravam completamente. Segundo familiares, Jacinto se recolheu com sinais de depressão, problema que se agravará posteriormente.

Diante da falta de opções profissionais, ele dizia que fora trabalhar como relações públicas na boate Vagão, "de propriedade de minha concubina". Num tom entre malandro e ingênuo, contava: "Esperava minha mãezinha dormir, desarrumava minha cama e ia para a boate, trabalhava até às quatro da matina, marcava meu ponto com minha amante e ia embora. Por que nunca casei? Porque nenhuma mulher vai querer ser enfermeira da minha mãezinha". Na verdade, Jacinto e Maria Andreia Godoy, sua "concubina", eram sócios em alguns negócios. O *Diário Oficial do Estado de São Paulo* traz, em agosto de 1976, o resumo do contrato social de um bar em que ele tem 49% das ações e ela, 50%. Um terceiro sócio aparece com 1%. Frequentadores do Vagão relatam um ritual de Jacinto ao chegar todo dia à boate. Ele vinha caminhando devagar, à maneira de um malandro de antigamente, e se detinha diante de um totem que havia perto da porta. Ficava ali por alguns instantes, de olhos fechados, como se conversasse com a estátua de madeira. Era um mistério o que conversavam.

Ainda que isolado e quase sem trabalho ao longo de toda a década de 1970, o Serviço Nacional de Informações não se esqueceu de Jacinto. Em novembro de 1977, no âmbito do projeto de "atualização de atividades de elementos atingidos pelos AI-1, 2 e 5", o órgão produziu um relatório de quatro páginas sobre o Homem do Sapato Branco. Curiosamente, é um dossiê maior e mais fornido do que o utilizado para cassar seu mandato em 1969. Chamado de "ex-radialista", o que está errado, como vimos, Jacinto é alvo de uma análise que busca justificar, com novos argumentos, a cassação ocorrida na década anterior. Diz o relatório: "As suas atividades políticas, na aparência simples, apresentavam aspectos diversos, passando da demagogia pura à corrupção, para atingir em alguns momentos nuances subversivas".

Numa análise que poderia ter sido feita por um crítico de televisão, no tópico intitulado "demagogia", o relatório afirma que "realmente conseguiu eleger-se graças ao programa sensacionalista que mantinha na televisão, TV Globo, no qual explorava a pobreza e a miséria do povo". E acrescenta, citando fatos notórios, que "em seu programa costumava pôr em xeque pessoas influentes com nítido sentido demagógico e sensacionalista; além disso, fazia promoções assistenciais com as mesmas intenções eleitoreiras, tal como a que ocorreu em 15 de dezembro de 1968". Ainda nesse tópico, como se o caráter sensacionalista de *O Homem do Sapato Branco* fosse um crime, o texto informa que "fazia programas, também, com a finalidade de angariar fundos para assistir famílias faveladas, pobres e os doentes".

No tópico "corrupção", o relatório cita uma história confusa que envolve a eleição de Jacinto para a presidência de um certo Indaiá Country Club, cujo proprietário seria um homem condenado na Justiça por estelionato, e conclui o caso assim: "Em suma, conforme apurou a polícia, o nominado [Jacinto] não passava de um explorador da miséria humana através de seus programas de rádio e televisão". Trata-se, tudo indica, de uma descrição malfeita do Clube do Sapato Branco, um empreendimento de que Jacinto foi sócio, junto com Donato Guedes, na zona sul de São Paulo. Além das atrações do clube (piscina, quadras, shows nos fins de semana), um dos atrativos era que o título e a mensalidade davam direito, também, a assistência médica e odontológica em consultórios na região. Criado em abril de 1968, com o nome oficial de Saber — Sapato Branco Empreendimentos Recreativos Ltda. —, o negócio foi uma das poucas ocupações que Jacinto teve na década seguinte, mas não foi muito longe. Segundo Helvio Figueira, o clube funcionou por poucos anos e gerou muitas queixas porque o serviço médico oferecido não aguentou o excesso de procura.

Por fim, no tópico "subversão", o SNI retoma a acusação de que ele estava envolvido num movimento de defesa de moradores de favelas, "o qual tinha por principal objetivo ataques ao governo, no setor social, bem como seu programa nacional de habitação, mostrando pela televisão as misérias existentes nas favelas de São Paulo". Ou seja, Jacinto é acusado, nesse ponto, de fazer jornalismo. O documento traz ainda a informação, bastante implausível, de que ele "era ligado politicamente a elementos de esquerda e contrarrevolucionários, como Gastone Righi, Mario Covas e Esmeraldo Tarquínio". Na verdade, com exceção de Fernando Perrone nos tempos de deputado, todas as relações e amizades de Jacinto na política eram com figuras do campo da direita.

Outra novidade trazida pelo relatório é que, em 1970, já cassado, Jacinto teria participado de campanhas eleitorais "em favor da oposição, fazendo ataques diretos e violentos ao presidente da República". A informação também não bate com os fatos. Em 1980, ao se filiar ao PDS, de Paulo Maluf, o apresentador justificará a atitude dizendo que ninguém do MDB o apoiou ou mesmo o visitou quando foi preso em 1969. Após apontar os elementos de "demagogia", "corrupção" e "subversão" na trajetória de Jacinto, o relatório do SNI chega à seguinte "conclusão" sobre o investigado:

> De alguma forma a sua atuação política identificava-se com as esquerdas, visto que o seu eleitorado era constituído de pessoas bem pobres e simplórias. A par desse fato, o epigrafado não se constituiu em defensor de nenhuma ideologia, pois se tratava mesmo de pessoa de mau caráter, que

no início de sua carreira era considerada um "meliantezinho pé de chinelo". Mas, como se tratava de um homem inteligente, foi apurando a sua técnica em matéria de malandragem e acabou se transformando num estelionatário de grande nomeada, visto que chegou a ser representante de parte da população paulista em seu parlamento. Era uma personalidade agressiva, insolente e ousada. Acomodou-se, no entanto, de uns tempos a esta parte, particularmente depois que sofreu a punição revolucionária.

"Estelionatário de grande nomeada"... A verve do autor do relatório é de tirar o chapéu. No fundo, esse excesso de adjetivos ajuda a esconder a ausência de fatos que justifiquem a análise. Concordo apenas com o adjetivo que qualifica Jacinto como uma "personalidade ousada" — e digo isso tanto pelo que fez na década de 1960 quanto pelo que ainda fará nos anos 1980 e 1990 na televisão. O ostracismo a que foi submetido na década de 1970 terminará, não por coincidência, ao final do período de dez anos com os direitos políticos suspensos. É como se ele tivesse cumprido uma pena de prisão. Sem um impedimento legal para que voltasse a trabalhar antes, foi o temor das emissoras de contratar um cassado pelo AI-5 que o deixou na "geladeira" até meados de 1979.[5]

---

5 O AI-5 foi revogado durante o governo do general Ernesto Geisel por meio da Emenda Constitucional número 11, em 13 out. 1978.

13.
"Está de volta o autêntico dono do pedaço"

Dia 10 de novembro de 1979. Uma década depois de apresentar *O Homem do Sapato Branco* pela última vez, ele está de volta à televisão. A abertura do programa já causa um solavanco em quem está distraído. Uma música com batida forte, típica de filme policial, mostra inicialmente a silhueta de Jacinto refletida numa parede branca. Por uma fração de segundo, o espectador nota piscar na tela um símbolo do Deic (Departamento Estadual de Investigações Criminais, de São Paulo). Na sequência, a câmera foca nos pés de um homem de sapatos brancos caminhando na rua. Enquanto ele desce uma escada, a câmera vai abrindo e vemos Jacinto, com o figurino que sempre usa: calça e blazer de uma mesma cor escura e uma camisa clara. Ele segue andando, conversa com dois policiais militares, até que é focalizado de costas. É quando começam a entrar os créditos. O primeiro é "Apresentação: Jacinto Figueira Jr.". Enquanto rolam os nomes dos integrantes da equipe, Jacinto passa por um mendigo, conversa com taxistas e, de repente, a câmera foca alguns sacos de lixo no chão e, em seguida, um homem surge correndo atrás de outro num beco escuro. A última imagem da abertura é de uma viatura do Garra (Grupo Armado de Repressão a Roubos e Assaltos). O programa, então, começa com um close nos sapatos brancos do apresentador. Para reforçar o clima sombrio, noir, ele aparece fumando, cercado de fumaça. Sentado numa poltrona, dirige-se para a câmera e, sem delongas, já anuncia o primeiro caso da noite:

a história do filho de um ferroviário necessitado de dinheiro que foi vendido por quinhentos cruzeiros (cerca de 120 reais).

Para quem não conhecia ou não se lembrava mais, o primeiro episódio foi puro suco de Jacinto Figueira Júnior: muita desgraça, bastante sensacionalismo e um toque de surrealismo. Além da história da criança vendida por um pai desesperado, o apresentador também mostrou o caso de um bebê que, depois de ser dado como morto por oito minutos, ressuscitou. E apresentou a história de um médico que estrangulou uma moça no necrotério para esconder o fato de que ela ainda estava viva quando lhe deram um atestado de óbito. Como advertiu o diário *Notícias Populares*, "para quem gosta de emoções fortes e, principalmente, de sacar as denúncias sobre os muito crimes que existem por aí, é bom não perder a transa, pois está de volta o autêntico dono do pedaço".

O retorno de Jacinto à televisão ocorreu no início do governo João Figueiredo (1979-85), ainda durante a ditadura, mas num período de distensão política e afrouxamento de restrições da censura de cunho político e moral no teatro, no cinema e na televisão. Contra a sua vontade, como veremos, *O Homem do Sapato Branco* vai evidenciar alguns dos limites desse processo de "abertura". A iniciativa do convite para voltar à TV foi de Silvio Santos, que Jacinto conhecia desde a década de 1950, quando ainda tentava ganhar a vida como crooner e cantou "O charreteiro" na Rádio Nacional. Silvio ligou pessoalmente para Jacinto, convidando-o a voltar com o mesmo programa que apresentara na TV na década de 1960.[1] Dessa vez, com certeza, não foi um gesto de piedade, como pode ter ocorrido quando o convidou para fazer um programa sem sal na Rádio Record. Desde 1976, Silvio era dono da própria emissora,

---

[1] Silvio não atendeu ao pedido de um depoimento sobre Jacinto para este livro.

a TVS, canal 11,[2] no Rio, onde estava dando os primeiros passos na criação de uma grade de televisão hiperpopular. *O Homem do Sapato Branco* se encaixava à perfeição nesse modelo.

Ainda que produzido pelo Grupo Silvio Santos, o programa estreou na Record, canal 7, em São Paulo, na faixa das 23 horas, aos sábados. Essa situação se explica pelo fato de que, além do seu canal no Rio de Janeiro, Silvio era dono de 50% das ações da emissora de Paulo Machado de Carvalho.[3] Em agosto de 1981, assim que o governo militar concedeu ao empresário os canais que formaram o SBT, o programa deixou a Record rumo à nova rede de televisão. No Rio, na TVS, *O Homem do Sapato Branco* foi ao ar em 24 de novembro, duas semanas depois da estreia em São Paulo.

Como outras produções do Grupo Silvio Santos, o programa de Jacinto era gravado no Cine Sol, que ficava na avenida General Ataliba Leonel, no bairro de Santana. O antigo cinema havia sido adquirido por Silvio em 1979, após um incêndio que, em 1978, destruiu o Teatro Manoel de Nóbrega, na rua Cotoxó, na Pompeia, que até então servia como estúdio de produções da empresa. *O Homem do Sapato Branco* era gravado com quatro câmeras fixas e uma de mão, em fitas U-matic. As produções mais importantes, como o *Programa Silvio Santos*, *Almoço com as Estrelas* e *Raul Gil*, eram gravadas com uma tecnologia mais antiga, fitas quadruplex, mas que resultava em maior qualidade. "Uma parte do que a gente fazia no teatro ia para a Record. Era uma operação de guerra", conta Leon Abravanel, então um garoto de dezenove anos, que atuava como operador de videotape. Às sextas-feiras, a turma de Silvio Santos colocava uma máquina de quadruplex numa Kombi e

---

[2] Concedida pelo governo Geisel em outubro de 1975, a TVS foi inaugurada em 14 de maio de 1976. [3] Silvio e a família Machado de Carvalho venderam a Record para Edir Macedo no final de 1989.

levava para a Record, que não possuía esse equipamento, para exibir de lá os programas do fim de semana. Com as fitas U--matic, uma opção mais econômica, o procedimento era mais simples: bastava encaixá-las nas máquinas da Record.

O Ibope logo mandou sinais positivos. No início de abril de 1980, menos de cinco meses depois da estreia, a Record publicou um anúncio nos jornais informando que chegara ao segundo lugar de audiência, atrás apenas da Globo. O resultado foi proporcionado pelo programa de Silvio Santos aos domingos e pelas incursões de Jacinto "pelo submundo da periferia paulistana", como lamentou um crítico.

Nessa nova fase, o investigador de polícia Donato Guedes, que era produtor, assumiu a posição de diretor geral do programa. Na prática, tratava-se de um faz-tudo. "Donato era cabeça, corpo, mente, braço, era tudo do programa. Ele era o cara do programa. Cuidava de tudo, de todos os detalhes. Jacinto apresentava", diz Leon Abravanel, sobrinho de Silvio Santos. Além de comandar as ações dos vários auxiliares, também fazia as vezes de secretário particular do chefe. Apresentava a Jacinto a lista de recados, quem havia telefonado, as pessoas que ele precisava encontrar, os detalhes que deviam ser acertados etc. Cabia também a Donato estabelecer contato com policiais amigos, que o informavam sobre casos escabrosos que podiam ser exibidos no programa. E também é ele o responsável por selecionar os participantes que apareciam no estúdio, relatando dramas pessoais, brigas de vizinho, disputas trabalhistas e outros problemas do cotidiano.

Assim como ocorria na década de 1960, um assunto que aparece com frequência nessa volta do programa é o cotidiano do trabalho de prostitutas e mulheres que trabalham na noite. Num episódio famoso, Jacinto levou seis mulheres que supostamente se prostituíam nas ruas do bairro do Brás ao seu estúdio. A mão da produção é visível no figurino das mulheres.

Todas estão de jeans e camisas lisas, em cores opacas. Parecem uniformizadas, como se fossem funcionárias de uma fábrica. E usam um mesmo capuz de pano azul, bem mal-ajambrado, que lembra o dos militantes racistas da Ku Klux Klan, com buracos na altura da boca e do nariz. O contraste com o próprio Jacinto é enorme, e intencional. Elegante no seu figurino tradicional, ele veste calça e blazer marrom, e camisa de gola rulê, além do inseparável sapato branco. Como sempre ocorre quando entrevista pessoas mais humildes, ele não tira as mãos do bolso, o que reforça o ar de superioridade. Elas dizem estar sendo ameaçadas por um "maníaco". A certa altura, a líder do grupo se diz revoltada com os policiais da área, que não as estão protegendo devidamente. E ameaça denunciar ao jornal *Notícias Populares* "o cachezinho" (palavras dela) que todas pagam pela proteção dos homens da lei. É uma clara sugestão de suborno, mas Jacinto não deixa que ela desenvolva o tema, e diz: "Elas estão trabalhando no Brás. Estão trambicando, mas não deixa de ser um trabalho. É um trampo violento. Elas estão apavoradas. Por quê? Porque o maníaco do Brás resolveu matá-las". Exibe, então, a foto do acusado. E avisa: "Então, o importante é o seguinte. As jovens do Brás não estão trampando com sossego porque estão com um certo receio. E criaram o comando das mulheres caçadoras ao maníaco".

Casos escabrosos também ajudam a levantar a audiência. Como a história de um menino cujas pernas foram indevidamente amputadas por médicos do Hospital Geral da Lagoa, no Rio de Janeiro. Jacinto descreve a situação em detalhes, desde a internação do menino, com sintomas de broncopneumonia, passando pela decisão dos médicos de amarrarem suas pernas na cama para que ficasse quieto, as feridas produzidas, a gangrena, a amputação e a indenização de 200 mil cruzeiros que, contra decisão da Justiça, a diretoria do hospital se nega a pagar. Ou o drama dantesco da mulher que tentou matar o filho surdo, por já não suportar mais o seu mau comportamento. A mulher, ao lado do marido, da mãe e do filho surdo, contou: "Eu não aguento mais esse menino, seu Jacinto". A mulher acabou tirando da bolsa um vidro de formicida, que tentou tomar ali mesmo, diante das câmeras, sendo contida pela mãe, marido e gente da produção do programa. Em seguida, caiu desmaiada.

Situação encenada? É possível. Muitas vezes alguém da produção ouvia ou lia o relato de uma história terrível e levava o caso a Jacinto e Guedes. Se eles entendessem que o caso renderia audiência, chamavam atores para interpretar o drama no estúdio. Os críticos notavam a artificialidade de algumas dessas encenações e acusavam Jacinto de "fabricar" os dramas. O apresentador nunca admitiu que fizesse isso. Mas fazia. "Alguém ia lá no escritório da produção e contava uma história. Aí a equipe ia procurar o outro lado pra convencer pra levar. Faziam a triagem ali. Se não achavam ou conveniam, eles encenavam ali mesmo. As histórias eram verdadeiras, os personagens não", conta Jorge Guedes, filho de Donato, que acompanhou muitas gravações na década de 1980. Assim como ocorreu na década de 1960, as críticas pesadas e frequentes ao programa, em 1980, ajudaram a chamar a atenção da censura, obrigando o governo a tomar alguma atitude. Classificado como "jornalístico", *O Homem do Sapato Branco* estava dispensado de passar pela censura prévia, mas isso não impediu que, em junho, viesse a ordem do Ministério da Justiça para a Record enviar as suas fitas previamente a Brasília.

Um informe do Serviço Nacional de Informações intitulado "Nova orientação da censura", de 17 de abril de 1980, descreve os dilemas da repressão à cultura naquele momento. O documento cita o espetáculo de teatro de revista *Rio de cabo a rabo*, exibido no Teatro Rival, no Rio de Janeiro, cujas "mensagens tornam-se adversas, desalentadoras e semeiam o descrédito, turvando os esforços e as realizações dos governos constituídos após 1964". Mas lamenta que "não se pode esquecer que a nova orientação da Censura, recebida do senhor ministro da Justiça, é no sentido de se liberar todo o material de teor político, mesmo se contenha encartes envolvendo aspectos outros, como é o caso da 'revista musical' e demais peças teatrais já liberadas em grau de recurso". Por esse motivo, o informe observa que o trabalho do SNI de "análise de propaganda adversa" em espetáculos teatrais se tornou "inócuo".

A televisão, porém, segue sob olhar severo da censura. Um "Dossiê sobre o Conselho Superior de Censura", produzido pelo SNI em 14 de janeiro de 1981, reproduz o texto de um estudioso do assunto, mas não assinado, intitulado "A política de censura no Brasil", que faz um longo histórico sobre o tema. No item 9, "O problema da relevância estatística da 'mídia' cultural", o texto sugere que o Ministério da Justiça sofre pressão da sociedade para coibir alguns aspectos da produção televisiva. Relata que o governo tem feito reuniões e encontros individuais com os donos das emissoras de TV para "adverti-los" sobre quatro "aspectos essenciais": "o excesso de violência; o emprego da linguagem chula; o acentuado erotismo, e a exploração sensacionalista de preconceitos de raça, classe social etc.". E informa que a decisão de submeter o programa de Jacinto Figueira Júnior à censura prévia é um esforço para combater o "sensacionalismo": "Recentemente, centralizou-se em Brasília a censura de programas que exploram o sensacionalismo, como é o caso do *Homem do Sapato Branco*", diz o dossiê.

Quem visitava o estúdio onde o programa de Jacinto era gravado se espantava com o ambiente, um misto de delegacia de polícia, pronto-socorro e escritório de advogado de porta de cadeia. Podiam dividir o espaço, enquanto aguardavam a hora de dar seus depoimentos, moradores ameaçados de despejo de um cortiço, vítimas de um pai de santo desonesto, a mãe desesperada de um rapaz viciado em drogas e a família na qual o genro de uma senhora pobre fugira com a nora.

Em vários episódios, dez ou mais moradores de habitações humildes compareciam ao estúdio para reclamar do senhorio. Os motivos variavam. Num programa, as pessoas contam que receberam ordem de despejo do proprietário do imóvel, no bairro da Bela Vista. Denunciam que pagavam o aluguel, as taxas de água e luz, mas esse dinheiro sumiu e agora eles têm dez dias para deixar os seus quartos. Como sempre ocorre, todos falam ao mesmo tempo e o representante do proprietário quase apanha. Um assistente da produção entra em cena para separar os mais agitados. Jacinto mantém-se à distância, sem se envolver. A câmera o focaliza de vez em quando, sentado confortavelmente em sua poltrona, fumando, sem dizer nada. Após muita discussão, o apresentador convoca o advogado Edmo de Andrade, que trabalha como "consultor jurídico" do programa, e ele promete que vai cuidar do caso. Todos saem satisfeitos e agradecidos a Jacinto.

A cena tem todas as características de ter sido encenada e dirigida por Donato Guedes. Assim como as que são gravadas em seguida. Em uma, dezenas de pessoas humildes acusam um pai de santo de estelionato. Segundo a denúncia, o dono do centro espírita na cidade de Mauá, na Grande São Paulo, disse que os fiéis morreriam em pouco tempo se não se desfizessem de suas casas. Todos acreditaram na previsão e passaram as escrituras para o pai de santo. Reclamações, choro, gritaria, ofensas — o cardápio de sempre. Jacinto lamenta que aquelas pessoas tenham sido ludibriadas em sua boa-fé e promete ajudá-las. Sempre fica no ar a dúvida: não é o espectador que está sendo enganado?

Outro tema frequente, que Jacinto aprecia desde a década de 1960, é a exposição de dramas relacionados ao consumo de drogas. Numa gravação, ele expõe a mãe e seu filho de vinte anos, viciado desde os nove, segundo conta. A mãe diz que procurou o escritório do apresentador porque não sabe mais a quem apelar. O rapaz diz que está disposto a abandonar o vício, mas conta no programa que seu "corpo continua necessitado". O apresentador, em tom paternal, se oferece para pagar os custos de uma internação ao rapaz. "Mas veja bem, é uma chance só que você tem", adverte, num tom que oscila entre o paternalismo e o moralismo.

Para compensar a dramaticidade, na receita do programa sempre há alguma história com elementos cômicos. É o caso da gravação com uma família perturbada por um caso de traição conjugal. No palco estão d. Joana Marta, seu filho, Carlos Alves Rios, sua nora, Maria Lucas, e seu genro, Nelson Luís Medeiros. Nelson era casado com uma filha de d. Joana e fugiu com Maria Lucas, que era casada com Carlos. Debochado, Jacinto comenta: "Nelson, você é ligeiro. O que eu não posso entender é você largar a filha dessa senhora e fugir com a nora dela. Quer dizer, é genro duas vezes". Todos dão risada, menos d. Joana e Carlos.

Outro caso de alívio cômico notável ocorreu no dia em que resolveu pacificar um conflito sobre a propriedade de um cavalo, reivindicada por duas pessoas. "Quem é o dono do cavalo?", anunciou o apresentador. Na presença de um policial, os supostos proprietários do animal gritavam e brigavam, cada um expondo as suas provas. O animal havia sido furtado alguns dias antes e fora recuperado. Cansado da discussão, Jacinto fez piada: "Cavalo, por favor, qual desses indivíduos é o seu dono?". Na impossibilidade de obter uma resposta, fechou o quadro. "O negócio é pintar o cavalo de preto e branco e deixá-lo por aqui mesmo." E rindo bastante, completou: "Não dá pra entender. É o fim da picada!".

O jornalista Ricardo Kotscho, que presenciou um dia de trabalho de Jacinto, afirmou acreditar na veracidade dos dramas exibidos.

Basta assistir à gravação de um programa, conversar com seus personagens — todos eles de verdade, de carne e osso, mais osso do que carne — para se certificar de que Jacinto Figueira Júnior é apenas o mestre de cerimônias de todas as pequenas desgraças nacionais, que jamais encontrarão espaço num *Jornal Nacional* ou num *Fantástico Show da Vida*.

Esta é a versão também do próprio Jacinto. Num episódio do seu programa, após mostrar o caso de um homem violento, que agredia o enteado, o apresentador olhou para a câmera e discursou, entre sorrisos irônicos:

O cidadão apanhava quando era criança. Então, ele cresceu. E ele descontou no filho dessa senhora o quanto ele apanhou quando era criança. Sem vergonha, cara de pau. Como a vida é engraçada! É para os senhores telespectadores terem uma ideia de como é que é a vida. É esta sociedade que não quer mostrar essas coisas. E que fatalmente irão dizer que estou errado, que não posso mostrar isso. Mas eu mostro com um objetivo: alertar a sociedade de que, infelizmente, existem realmente pessoas assim.

Em agosto de 1980, estourou uma crise entre a equipe de Jacinto, que era contratada da TVS (Silvio Santos), e a Record, que exibia o programa. No dia 2, um sábado, *O Homem do Sapato Branco* não foi exibido e no seu horário, às 23 horas, entrou um filme não anunciado na programação. Jacinto acusou o diretor artístico de emissora, Hélio Ansaldo, de querer prejudicá-lo. Ansaldo explicou que *O Homem do Sapato Branco* não foi ao ar porque não recebeu o certificado da Censura Federal que permitiria a exibição do programa. "O Jacinto que tire da cabeça essa história de antipatia por ele. Eu até o considero um sujeito bacana, embora seu programa não faça o meu gênero", disse o executivo da Record a Chacrinha, que mantinha uma coluna sobre bastidores da TV em jornais e revistas. Esse conflito só foi resolvido um ano depois, em agosto de 1981, quando o SBT foi inaugurado e *O Homem do Sapato Branco* migrou para a nova emissora.

Chacrinha, vale mencionar, também teve vários problemas com a censura durante a ditadura. Em julho daquele ano, chegou a ser preso, acusado de desacato a uma funcionária da Censura, em São Paulo, que assistia à gravação de seu programa. Revoltado, foi a Brasília, onde participou de uma reunião do Conselho Superior de Censura. Segundo seu biógrafo, o Velho Guerreiro, sempre exagerado e reclamão, protestou que estava sendo tratado com mais rigor do que outros apresentadores. "Citou o programa *O Homem do Sapato Branco*, de Jacinto Figueira Júnior, como sendo um programa violento que jamais enfrentou problemas com a Censura", escreve Denilson Monteiro.

Um relatório do SNI de 30 de outubro de 1980, intitulado "Fatores que influem na formação da moral social e da opinião pública brasileiras", mostra como o governo ainda se incomoda, então, com os temas e as abordagens de *O Homem do Sapato Branco*. É apenas um parágrafo em meio a doze páginas de reclamações, mas escrito por alguém que assistia ao programa:

> Merece destaque pelas aberrações apresentadas, o programa tido como de cunho social apresentado por Jacinto Figueira Júnior, levado aos sábados no canal 7, TV Record. Nele são mostrados casos escabrosos, denúncias, desumanidades, injustiças e reportagens violentas. Se tais assuntos ensejam providências para solucioná-los, a abordagem do apresentador, entretanto, apenas lhes confere sensacionalismo — explorando a miséria e, mais do que isso, agravando muito mais psicologicamente a situação das pessoas

que são atraídas ao programa. Convém observar que, no horário, esta programação atinge índices mais altos de audiência, segundo o Ibope.

Nascido em 1953, Gabriel Priolli tem lembranças das duas fases de *O Homem do Sapato Branco*. A primeira, na TV Cultura, na década de 1960, viu em casa, sob protestos dos pais, que sentiam repulsa pelo apresentador. A segunda, na Record e no SBT, acompanhou como crítico de televisão da *Folha*. Ao contrário de colegas de outros jornais, Priolli dedicou muita atenção à volta de Jacinto a um estúdio de televisão. Frequentemente recomendava o programa na coluna Destaques da TV, na Ilustrada. "Jacinto tinha má fama", diz Priolli. "Eu tinha uma política de não estigmatizar e não ter preconceito com televisão popular. Então, eu falava de televisão popular e dava dicas de televisão popular de forma desassombrada na coluna. Eu fazia isso de maneira intencional mesmo. Não queria ficar só naquele gosto de classe média." De fato, o crítico publica, no início dos anos 1980, várias colunas sobre Chacrinha, Dercy Gonçalves, *O Povo na TV*, entre outros apresentadores e programas que sofrem do mesmo estigma.

Em 27 de dezembro de 1980, ainda na Record, Jacinto festejou o Natal com uma provocação que já havia feito na Páscoa de 1968: uma ceia dos mendigos. Priolli adiantou alguns detalhes no dia da exibição:

> Em matéria de absurdo, não há nada semelhante esta noite à "ceia dos mendigos", que Jacinto Figueira Júnior organiza anualmente em seu programa, *O Homem do Sapato Branco* (Record, 23 horas). Doze maltrapilhos foram arrebanhados pela cidade, para degustar um jantar de peru e leitão com farofa, servido à francesa por discretos garçons e acompanhado de vinhos e champanhe. A cena foi gravada

na segunda-feira passada, na Igreja N. Sra. da Paz, da Liberdade, e Jacinto entrevistou rapidamente seus "convidados". Muitos, de tão bêbados, mal conseguiram falar ou comer, mas com a simples presença já criaram o "clima" desejado. Outra atração deste programa é um "padre" homossexual e seu auxiliar idem, que roubavam crianças na Zona Leste para os devidos fins.

Ao final do texto, Priolli registrou um aspecto positivo do trabalho de Jacinto — a sua transparência:

Como podem ver, um banho de "mundo cão" os espera na Record. Muitos criticam duramente Jacinto Figueira Jr., mas nesse mundo essencialmente "cão" ele talvez seja menos hipócrita na exploração que faz do semelhante. Uma coisa ele não é: o único.

Questionado quarenta anos depois sobre esse parágrafo, Priolli observa:

Ele era explícito, transparente. Vamos comparar com o Silvio Santos. Silvio sempre fez a mesma coisa, mas com verniz, dourando a pílula. Até explorava mais. O Jacinto não tinha carnê do Baú da Felicidade. Ele era cru.

Décio Pignatari também escreveu, no *Jornal da Tarde*, sobre esse episódio. Primeiro, observou que foi o seu reencontro com Jacinto, que não assistia desde a década de 1960:

Pois com o Figueira aconteceu o mesmo que se passou com a Hebe: morreu em preto e branco e ressuscitou em cores, para maior glória da perenidade dos nossos valores televisuais. Foi assim que o vi no fim do ano, incrivelmente bem conservado, todo lampeiro em seu blazer-libré, com a mesma fleuma e gosto no tratar o grotesco, na fantástica remontagem de uma Santa Ceia sob uma ponte do Aeroporto.

E, igualmente impressionado pelas cenas que viu na "ceia dos mendigos", finaliza:

> Foi um espetáculo buñuelesco, de sinistra grandeza, que incomodou e perturbou o fluxo de nossas emoções. Na sequência do programa, à guisa de sobremesa, *O Homem do Sapato Branco* apresentou um jovem nordestino cuja habilidade era a de semiengolir um pedaço de barbante, sacando-o depois pelas narinas.

Uma repórter que testemunhou a gravação da ceia dos mendigos na Igreja Nossa Senhora da Paz, na Liberdade, contou que o padre temia dar palco para "cenas ridículas". Ao que o apresentador respondeu: "Audácia! Sou católico praticante, como vou ousar fazer qualquer coisa ridícula? Quero apenas mostrar ao cidadão que tem um Natal que deve abrir a janela e ver se há algum parceiro deitado no chão". Jacinto dizia acreditar que a ceia dos mendigos era, no fundo, um ato socialista. "Mas socialismo cristão, mais importante que outros, pois mostra que todos os homens são iguais nesta vida tão rápida e passageira." Antes mesmo de o quadro ir ao ar, ele previu que receberia pedradas: "Os críticos não aceitam um programa como o meu, um trabalho de combate. Só quero ver o que eles dirão no Natal do ano que vem, quando vou cear com os mendigos no Cemitério da Quarta Parada".

Ao longo de todo o ano de 1981, Gabriel Priolli fez várias menções ao programa, indicando-o ao leitor na coluna que manteve no jornal. As notícias curtas ajudam a visualizar o que estava indo ao ar:

Por exemplo:

Outro programa obrigatório do dia é a seleção dos melhores momentos de *O Homem do Sapato Branco* em 1980 (Record, 23 horas). Você vai ver uma sessão de magia negra no "Templo do Diabo", onde uma "diabologista" comanda o ritual e mata uma galinha com os dentes. Você vai acompanhar uma batida policial da Rota na periferia e o caso da mulher que ganhou uma cueca no "amigo secreto" da firma, e o marido não gostou. Também no programa, uma "discussão" de três surdos-mudos, sendo dois um casal e o terceiro, o amante dela. Para divertir ou revoltar, Jacinto Figueira Jr. antes de dormir.

Outra notícia:

Jacinto Figueira Júnior apresenta às 23 horas, na Record, mais um *O Homem do Sapato Branco*. Diversos casos são sobre crianças: uma que era jogada pelo pai contra a parede, outra de cinco meses que foi jogada em uma lata de lixo e duas outras, uma branca e outra negra, que foram trocadas na maternidade. As famílias entraram na Justiça, mas a sentença ordenando a troca só saiu agora e as crianças já têm sete anos. Também no programa a segunda parte do "caso dos ovos podres" que eram vendidos para fábricas de macarrão, o sujeito que paga 300 mil cruzeiros por um rim e o marido que se separou da mulher e quer indenização.

Ou ainda:

Os casos que Jacinto Figueira Jr. apresentará são, entre outros, o do filho que já deu mais de trinta surras na mãe, o da mulher que jogou o filho na lata do lixo e a polêmica travada entre travestis para ver quem é um verdadeiro travesti. Esta foi gravada em externa no 3º Distrito Policial.

A postura de Priolli reflete a sua proximidade e o diálogo com uma nova geração de realizadores, no princípio da década de 1980. Um deles é o grupo TVDO, criado por Tadeu Jungle, do qual participavam os artistas Walter Silveira, Ney Marcondes e Paulo Priolli (irmão de Gabriel). O lema é "Cinema ou TV, tudo conforme a tela que se vê". A pequena equipe realizava todos os trabalhos de produção e ambicionava criar uma "metatelevisão de espírito anárquico". Sem espaço na TV tradicional, eles exibiam seus trabalhos, inicialmente, em festivais de vídeo. E como *O Homem do Sapato Branco* se encaixa nisso? Diz Priolli:

> A gente discutia muito, justamente, a virtude, a espontaneidade, a capacidade de comunicação da televisão popular. E a capacidade de conexão dessa televisão com um certo público que não conseguia se conectar com outros formatos e gêneros. E tinha aquele preconceito, não só da elite econômica, e da classe média, mas também da elite intelectual, não especificamente com o Jacinto, mas com televisão popular como um todo.

Em março de 1981, o apresentador foi submetido a uma cirurgia cardíaca de emergência, sob o comando do célebre dr. Zerbini[4] no Hospital Beneficência Portuguesa em São Paulo. Na mesa de cirurgia sofreu uma segunda parada cardíaca. Ficou, como se diz, entre a vida e morte. O drama foi grande, pois

---

4 Euryclides de Jesus Zerbini (1912-93), cardiologista e cirurgião brasileiro, realizou o primeiro transplante de coração na América Latina, em 26 de maio de 1968.

Jacinto não queria ser operado de jeito nenhum — temia morrer durante a cirurgia. Acabou operado à revelia, com o consentimento do irmão, Valdemar, que assumiu a responsabilidade formal no hospital. Dois meses depois da cirurgia, em 31 de maio, um comentário de Chacrinha, em sua coluna, dá uma ideia da gravidade do estado de saúde do apresentador: "Jacinto Figueira Jr., o Homem do Sapato Branco, está muito doente. Vamos pedir a Deus para que ele melhore". Em consequência do difícil pós-operatório, que acentuou os sinais de depressão, como notaram os mais próximos dele, Jacinto deixou de gravar o programa por cerca de quatro meses. E parou de fumar, privando o espectador das cenas de fumaça no estúdio, que todos estavam acostumados a ver. Com aguçado senso de oportunidade, para manter o seu nome em evidência, durante a fase de recuperação, deu entrevistas no leito do hospital, exibindo a enorme cicatriz, que ia da parte superior do tronco até quase o umbigo. Posteriormente, fez um episódio sobre a operação que sofreu.

Nos anos seguintes, Jacinto contou a diversos amigos e colegas de trabalho que, antes da cirurgia, temendo morrer, doou todos os seus bens e recursos financeiros para Andreia Godoy, sua namorada e sócia na boate Vagão. "Não vou deixar nada para o governo", dizia. E que posteriormente, quando ele se recuperou, ela não os devolveu. Essa história, que a família diz não ser verdadeira, era citada pelo apresentador como justificativa para as dificuldades financeiras que enfrentou na última década de vida.

Em setembro de 1981 ocorreu a exibição de uma cena que, ainda disponível no YouTube, causa espanto. Jacinto gravou uma matéria com Inri Cristo, um astrólogo brasileiro que se autoproclama a reencarnação de Cristo. A câmera mostra o momento em que uma pessoa presente no local começa a ofender Inri Cristo: "Enganador da humanidade. Você não é Cristo coisa nenhuma". E o agride fisicamente. Mais tarde, o astrólogo afirmou que se tratava de alguém da produção, "um capacho do apresentador". Em seu site, algumas dessas imagens foram montadas num vídeo junto com uma entrevista de Jacinto, no fim da vida, como uma prova de que "a imperiosa lei da ação e reação está sempre em vigor. A Justiça divina é justa e não falha".

Em março de 1982, Artur da Távola,[5] celebrado crítico de televisão de *O Globo*, fez uma rara referência ao programa de Jacinto. Após elogiar a cobertura da TV Globo de uma rebelião em presídio, ele escreveu:

> Isso é televisão ao vivo e jornalismo. O relato da tragédia humana, sempre com fins de documentação e registro, configura a missão mais alta do jornalismo informativo. Equívoco na profissão é a utilização do trágico ou do grotesco para fins de audiência, como ocorre amiúde naquele *Homem do Sapato Branco*, da TVS, no qual a tragédia humana, a marginalidade e a dor do homem servem para uma exibição sádica com finalidades distintas: a de obter um emocionalismo artificial e barato. Não é real. Não é jornalismo: é show com a dor alheia. O jornalismo cresce quando o conflito do homem e da sociedade ganha registro vivo de imagens que não podem ser fabricadas ou pré/paradas.

O Homem do Sapato Branco se tornou cult entre uma parcela de jovens das classes A e B, que enxergava Jacinto como um iconoclasta, um apresentador que confrontava os padrões de bom gosto estabelecidos. Mas esse segmento não era em número suficiente para atrair anunciantes importantes. O público-alvo da atração, o espectador das classes C e D, não mordeu a isca

---

[5] Pseudônimo de Paulo Alberto Moretzsohn Monteiro de Barros (1936-2008).

com o entusiasmo que se imaginou que teria. Em outubro de 1982, meses antes de ser cancelado, o programa não aparecia na lista dos dez mais assistidos do SBT em São Paulo nem no Rio de Janeiro, segundo o Ibope.[6] O programa ia ao ar aos sábados à noite, num horário tardio. Jacinto já não tinha o vigor da década de 1960. Além disso, havia muita concorrência dentro do próprio SBT. Priolli acrescenta outro ponto: "Tem que considerar que a televisão tinha mudado muito. A fila tinha andado, do ponto de vista da notoriedade".

O SBT foi ao ar pela primeira vez em 19 de agosto de 1981. Nesse mesmo dia estrearam os programas *O Povo na TV*, *Bozo* e *Ferreira Neto*, entre outras atrações. No dia seguinte foi a vez do humorístico *Alegria*, que tinha o quadro "Câmeras Escondidas", com narração de Gugu Liberato. No dia 21, foi ao ar *Moacyr Franco Show*. E no dia 22, um sábado, foi a vez de *Almoço com as Estrelas*, comandado pelo casal Airton e Lolita Rodrigues, *Programa Raul Gil*, o humorístico *Reapertura* e, no fim da noite, *O Homem do Sapato Branco*. No domingo, por fim, o canal exibiu *Programa Silvio Santos* (com quadros como "Domingo no Parque", "Qual É a Música?", "Namoro na TV", "Show de Calouros") e *A Semana do Presidente*.

Nessa grade, que em questão de meses levou a emissora a se tornar vice-líder de audiência em São Paulo, *O Homem do Sapato Branco* acabou sendo apenas mais um programa, sem maior destaque. Em especial, Jacinto foi eclipsado por *O Povo na TV*, programa com características semelhantes, mas diário, com quatro horas de duração, e uma produção muito maior. Dirigido por Wilton Franco, fez história com a sua mistura de jornalismo e entretenimento, assistencialismo, apoio ao

---

[6] Os dados estão em *Circo eletrônico: Silvio Santos e o SBT*, de Maria Celeste Mira. São Paulo: Loyola, 1995. Os líderes de audiência naquele mês foram *Programa Silvio Santos* e *Show sem Limite* (J. Silvestre).

consumidor, pautas femininas e um toque religioso (às dezoito horas, pontualmente, rezava-se a *Ave Maria*). Priolli concorda. "Jacinto sofreu pela repetição do formato. Não voltou com o mesmo gás, o mesmo *punch*. Aí veio *O Povo na TV*. Ele devia ter ido reforçar o time daquele programa", diz, acrescentando um detalhe importante. "Nunca ninguém morreu na frente da câmera no *Homem do Sapato Branco*. Ele era light perto de *O Povo na TV*. Ali morreu", lembra o crítico. Num episódio que contribuiu para o fim da atração comandada por Franco, em 1982, um bebê de nove meses morreu no estúdio do programa, enquanto sua mãe suplicava por atendimento médico para a filha, chocando o público que via tudo ao vivo pela televisão.

A aposta do SBT em audiência com atrações populares teve o efeito de afastar anunciantes, gerando uma crise de enormes proporções. Entre 1983 e 1985, a emissora cancelou cerca de vinte programas e dispensou mais de uma centena de artistas.[7] Silvio Santos demorou a aceitar o argumento de quem cobrava uma programação de qualidade um pouco melhor, mesmo que pagando o preço de perder parte do Ibope. *O Povo na TV*, por exemplo, dava 28 pontos à tarde, um fenômeno extraordinário, mas a receita do SBT com ele "era zero", segundo Luciano Callegari. "A programação muito popular dava audiência, mas a empresa estava falindo. Essa foi a grande crise que passamos há alguns anos", lembrou o ex-executivo do canal. Jacinto foi o primeiro a perder essa batalha. O seu programa ficou no ar por três anos apenas, saindo de cena em 18 de dezembro de 1982. *O Povo na TV* foi tirado da grade em janeiro de 1984.

---

[7] Maria Celeste Mira, op. cit.

14.
O "Time B": como eram encenadas as brigas

Desde agosto de 2018, o SBT tem divulgado semanalmente em sua plataforma no YouTube alguma pérola do acervo da emissora. Em novembro daquele ano, a emissora homenageou Jacinto com a divulgação de um vídeo de 52 minutos de *O Homem do Sapato Branco*. É uma compilação com sete reportagens, exibidas em diferentes programas, que mostram o apresentador em ação. Como o vídeo se destinava a uma plataforma aberta, sem restrições de acesso, a seleção foi pensada de forma a agradar todos os públicos, sem correr muito o risco de exibir conteúdo pesado ou ofensivo a crianças, por exemplo. É, por isso, um conjunto de certa forma insosso e, em alguns momentos, até tedioso. Ainda assim, alguns trechos ajudam a entender como Jacinto se comportava na dupla função de repórter e apresentador e podem incomodar o público de hoje.

A primeira matéria mostra a cena descrita na abertura deste livro. No estúdio, há duas mulheres presas, acusadas de roubar o relógio de uma terceira, também presente. Ao fundo, três policiais as acompanham e vigiam. Jacinto dá tapinhas no rosto das duas enquanto as interroga como se fosse um policial. "Por que você roubou?", pergunta. "Olha pra mim", cobra o apresentador, erguendo a cabeça de uma delas com a mão. Ao final, as duas elogiam a ação dos policiais.

Na segunda, Jacinto está no 8º DP. Diz o nome do delegado titular, cita os nomes dos policiais envolvidos no caso e convoca um deles para explicar a situação: a prisão de quatro homens acusados de pertencer a uma quadrilha que fez inúmeros assaltos, alguns seguidos de morte. Quatro homens estão algemados junto a uma parede. Olham para o chão. Jacinto tenta entrevistá-los, mas não toca em nenhum deles. "Quantos assaltos?", pergunta. "Um", responde um dos acusados. "Mais de quinze", replica um dos policiais. "Eu não tenho nada a declarar, seu Jacinto. O senhor vai me desculpar, mas não tenho nada a declarar." Ao fundo, os policiais incentivam, sem sucesso, os acusados a falar com o apresentador.

É nítido o contraste entre a primeira e a segunda matéria. A cena com as mulheres no estúdio é controlada, sem riscos para o apresentador. Com tapinhas no rosto, ele humilha as duas supostas assaltantes. Mas o caso não o empolga muito — e, de fato, está longe de ser extraordinário ou chocante. Já a situação dentro da delegacia, com homens presos sem a menor disposição de falar com Jacinto, transmite muito mais autenticidade. Os acusados são coagidos a dar depoimentos, tanto pelo apresentador quanto pelos policiais, mas não se dobram — e a matéria resulta, igualmente, pouco interessante. O que mais chama a atenção nos dois casos é a presença de policiais dispostos a aparecer no programa.

Duas outras das matérias selecionadas pelo SBT são do gênero "barraco no estúdio". Ou seja, a produção trazia figuras envolvidas em algum desentendimento para discutir e brigar diante de Jacinto. Em ambas, é enorme a impressão de que a situação foi encenada, que os ânimos são insuflados artificialmente. Na primeira, dez moradores de um cortiço no Tucuruvi reclamam do contrato leonino que o proprietário os obrigou a assinar em branco. Uma das cláusulas diz que não podem ter relações sexuais com visitantes. Um representante do proprietário tenta defendê-lo. Jacinto convoca o assessor jurídico do programa, Edmo de Andrade. "Não tem validade nenhuma", diz ele. Gerson, um dos inquilinos, pede para falar.

"Tu é bicha, meu filho?", pergunta Jacinto. "Sou homossexual", ele responde. "Bichona. Tá muito nervosa, calma", diz o apresentador. Na outra situação, um grupo de catorze amigos, que gosta de cantar samba ao lado de uma padaria, é confrontado pelo dono do estabelecimento. "Essa cambada passa a mão nas freguesas que entra, coloca o dedo nos bolinhos", diz ele. "Mentiroso", respondem. "Come dez bolinhos, paga um só", acusa o dono. "Os bolinhos dele são todos podres", reclamam. Após alguns minutos, compreende-se que a razão da cena é pedir uma quadra para o grupo de músicos, moradores do Jardim Helena, São Miguel Paulista.

Helvio Figueira, que trabalhou na produção do programa na década de 1980, confirma que muitas daquelas situações vistas na TV eram encenadas por atores. Como ocorre ainda hoje, a produção tomava conhecimento de uma história verídica de impacto, mas a pessoa que a relatara não queria aparecer. Temia perder o emprego ou não queria expor a família. "Aí tinha o famoso Time B, que tem até hoje na TV. São pessoas que você contrata para contar a história, de forma mais ou menos parecida. Aquelas brigas, a maioria era real, mas às vezes tinha a turma B", conta.

O sobrinho de Jacinto, que é psicólogo, trabalhou diretamente na produção do quadro "Pronto-Socorro Sexual", que tinha a intenção, segundo o apresentador, de "erradicar a ignorância e o atraso brasileiro relativo a temas ligados ao sexo". Selecionadas por telefone, o quadro exibia histórias picantes ou pesadas e tirava dúvidas dos telespectadores. Desde "o meu marido bebe, me bate e depois quer transar comigo" até "a sua filha ficou menstruada; como proceder". Com frequência, recorria-se ao "Time B" para expor as situações. Segundo Helvio, Jacinto foi o primeiro apresentador a mostrar o caso de um pai que engravidou a filha. E também o primeiro a mostrar mulher casada com outra mulher. "Mas tinha Time B. Ganhavam cachê. Quem ensinou isso foi o sr. Donato Guedes. Pegava o pessoal de teatro. São figurantes. Mas o caso era real. Não é inventar uma história. Tudo que tem ali existe", diz Helvio.

"Eram as melhores e mais bem-feitas armações que já vi na televisão", diz Homero Salles, sobre as brigas no estúdio durante *O Homem do Sapato Branco*. Diretor do programa de Gugu Liberato por três décadas e um dos melhores amigos do apresentador, Homero é um dos maiores especialistas em programas de auditório na televisão brasileira. Em 1980, ele estava começando na TVS, ao lado do jovem Gugu, ambos como produtores do quadro "Cidade Contra Cidade", exibido no *Programa Silvio Santos*. Homero se recorda do programa de Jacinto com um sorriso no rosto. "Não tinha obrigação de seguir com a verdade", diz, elogiando o que acontecia nos bastidores — a combinação do que iria ao ar depois. "A pré-produção era muito forte. E as pessoas confirmavam a história. Donato Guedes era o coração do programa."

O radialista Afanásio Jazadji reforça a ideia de que Donato era "a cabeça" do programa de Jacinto: "Era um sujeito muito inteligente. Tinha uma visão de espetáculo, de histórias, fora do comum. Um timing... Em dia que não tinha muita matéria, que o programa seria meio chocho, ele pegava duas pessoas e aquela história de botar saco na cabeça, ele fazia acontecer. Era encenação. De um relato aparentemente simples, bobo, ele transformava aquilo num espetáculo televisivo". Afanásio contratou Donato em 1984 para ser produtor de um programa de prestação de serviços com pegada assistencialista que apresentava na Rádio Capital. "Ficava um mundaréu de gente na porta da rádio, e o Donato ajudava a fazer a triagem dos casos", conta.

O jornalista Antônio Marcos Soldera, quando trabalhou no *Notícias Populares*, na década de 1980, teve muito contato com Guedes. E revela outra "técnica" nada ortodoxa do produtor: "Ele pegava o sujeito que ia ser entrevistado e perguntava para o pessoal que o conhecia: 'Com quantas doses ele fica no ponto?'. Alguém falava: 'Quatro". Então dava três doses para o cara e botava para gravar", conta. "Ele tinha o sensacionalismo na veia. Insistia para eu fazer uma matéria no *NP* criando uma guerra entre garçons e chapeiros de bar. Por que o cliente dá gorjeta para o garçom e não para o chapeiro? Era sugestão dele para vender jornal", lembra, rindo. Leon Abravanel, então um operador de VT iniciante (em 2021 era diretor de produção e conteúdo do SBT), testemunhou a aplicação da técnica desenvolvida por Donato Guedes para estimular conflitos.

> O objetivo era achar pessoas antagônicas e fazer elas brigarem. Então, metade da produção levava alguém para um bar e metade levava para outro bar. Quando chegava ao palco, a coisa já estava quente. Eu vi. Vivi isso. Tinha um bar do lado do teatro e outro em frente. Eles separavam os antagonistas ali, uma turma da produção ficava conversando com um, tacando pau no outro, e vice-versa. Botando bebida. Quando os caras entravam no palco, já era pra partir pra porrada.

Na visão do jornalista Ebrahim Ramadan, que dirigiu o *NP* entre 1972 e 1990, o papel de Donato Guedes em *O Homem do Sapato Branco* é ainda maior. "Jacinto era uma pessoa mais ingênua do que você pode imaginar. Ele era um emissor do que o produtor do programa conseguia arquitetar", diz. "Quem fazia o programa era o Donato Guedes. Jacinto apenas apresentava. Aquelas brigas de casais, ele não participava diretamente do contato com as pessoas", diz Ramadan, que às vezes assistia a gravações. Jorge Guedes, filho de Donato, guarda uma lembrança parecida.

> Jacinto era boa-praça. Muito fácil de lidar. Respeitava muito o meu pai e fazia tudo que meu pai pedia. Ligava a câmera e

ele se transformava. Pode-se dizer que era um cara medíocre de conhecimento geral. Antes de começar a gravação, precisava explicar duas ou três vezes pra ele. Mas quando começava, ele ia embora. Não precisava fazer corte. Não tem explicação.

Homero Salles recorre a duas boas imagens para falar dessas "brigas" no programa de Jacinto. A primeira é a associação com a melhor produção de cinema que existe: "O programa dele era Hollywood. Tinha muita armação. O Donato é que fazia. Já chegava mastigado para o Jacinto". E a outra comparação é com os programas de luta livre, um sucesso na televisão brasileira desde a década de 1960: "As armações de briga eram divertidíssimas. Deve-se encarar o programa do Jacinto como se encara o telecatch. É um divertimento. O fato de ser armado fica em segundo plano", diz.

Guedes, que morreu em abril de 2021 aos 87 anos, sempre foi um entusiasta das brigas no estúdio entre convidados do programa, normalmente gente humilde que ia em busca de soluções para divergências comerciais, desavenças amorosas, problemas cotidianos variados. Numa raríssima entrevista, a Lucy Lima Santos, da Associação dos Funcionários da Polícia Civil de São Paulo, ele resumiu: "Tenho a impressão de que, sem querer, nós criamos o Tribunal de Pequenas Causas. Porque o queixoso vinha, a gente gravava e já resolvia na hora, ou com o advogado ou arbitrando lá a questão".[1] Segundo o filho Jorge, Donato ressentia-se da falta de reconhecimento. "Era a chateação dele."

[1] Ao se apresentar, ele diz: "Eu fui o produtor do *Homem do Sapato Branco*, que foi o maior fenômeno da televisão brasileira. E fui depois produtor da Dercy Gonçalves, na Globo, e do Afanásio Jazadji, líder de audiência do rádio". Disponível em: <www.youtube.com/watch?v=00099cAcDp8>. Acesso em: 22 jan. 2023.

Uma referência mais atual para entender o que se passava em *O Homem do Sapato Branco*, diz Homero, é o norte-americano Geraldo Rivera. Entre 1987 e 1998, ele apresentou um programa célebre pelas brigas familiares e pelos debates "polêmicos" que mostrava no auditório. Chamado apenas *Geraldo*, chegou a ser exibido no SBT nos anos 1990. "É armado? É, mas existe uma verdade grande ali. Todas as pessoas envolvidas estão acreditando no que estão fazendo", diz Homero. Jacinto tinha uma característica adicional: o jeitão meio debochado, meio sonso, que deixava exposto ao mediar as confusões no auditório. "Ele apaziguava, mas ao mesmo tempo botava fogo. Ele chegava para o sujeito e falava, fingindo solidariedade: 'Ele disse que o seu nariz é grande. Poxa vida'. E emendava: 'Mas realmente o seu nariz é meio grande'. Era muito engraçado", diz. "Há uma técnica por trás disso. Acho que é dele, ele inventou. Acho que tem a ver com ele ser um cara da noite, malandro, boa gente", conclui Homero.

Jô Soares percebeu algo semelhante no jeito de Jacinto. Durante entrevista no *Jô Soares Onze e Meia*, em junho de 1992, foi exibido trecho de uma matéria feita em Mairiporã (SP). O prefeito da cidade está indignado com Jacinto, que foi com a equipe do programa até a residência dele. Sonso, Jacinto finge que não é com ele, irritando ainda mais o prefeito. Na volta ao estúdio, Jô faz a avaliação pública mais sincera que ouvi sobre o personagem que ele incorporava: "Jacinto, você é de um cinismo que eu fico espantado. Você chega de moralizador, apaziguador, e depois quebra um pau. Provoca e apazigua". O entrevistado não comenta a observação. Pouco depois, Jô o questiona sobre o fato de ele usar óculos escuros. "É para o pessoal não perceber que você tá rindo muito?" O repórter não responde diretamente. Diz apenas que os diretores do jornalismo do SBT (Marcos Wilson e Albino Castro) aprovaram. Vinte anos depois, Jô guarda a impressão de que a pessoa física (Jacinto) e a pessoa jurídica (Homem do Sapato Branco) eram uma coisa só. "Na vida real era aquilo mesmo. Falava do mesmo jeito. Parecia um personagem." E lembra que ele tinha uma claque permanente. "Na porta do estúdio do SBT, no dia da entrevista, um monte de fãs ficou assistindo à gravação." O apresentador conta que foi iniciativa sua o convite para a entrevista. "O programa *O Homem do Sapato Branco* era impressionante. Achava ele um personagem fascinante."[2]

---

[2] Jô Soares morreu em 5 de agosto de 2022. Conversei com ele a respeito de Jacinto em 20 de julho de 2021.

15.
Jacinto justifica o sensacionalismo: "Já evitamos crimes de morte"

Na segunda semana de agosto de 1981, dias antes da inauguração do SBT, em São Paulo, a *Manchete* publicou uma reportagem intitulada "A volta do Homem do Sapato Branco", assinada por Arlindo Silva. Não fosse por um aviso no canto superior esquerdo da página — "informe publicitário" —, passaria como uma matéria normal da revista. Li e ouvi Jacinto falar do próprio trabalho dezenas de vezes. Em nenhuma outra oportunidade, ele argumentou tão bem em defesa de *O Homem do Sapato Branco* quanto nessa "reportagem". Como um engenheiro de obra pronta, o apresentador busca dar novos significados e justificativas ao caos e à desordem que produziu. Muito do mérito do texto se deve a Arlindo, então assessor de imprensa e biógrafo oficial de Silvio Santos,[1] um jornalista experiente e mestre na exposição dos assuntos que lhe cabiam, por obrigação, promover.

O motivo aparente da matéria paga é dar publicidade à inauguração do canal 4, em São Paulo, e comunicar a estreia de Jacinto, cujo programa estava sendo exibido na Record, mas que havia se afastado do vídeo por alguns meses em virtude da grave cirurgia cardíaca a que se submetera em março. Na prática, Arlindo aproveita o espaço na revista para mencionar as inúmeras críticas ao trabalho de Jacinto e expor um contraponto racional e lógico a elas.

[1] *A fantástica história de Silvio Santos*. São Paulo: Editora do Brasil, 2000.

O jornalista começa citando os programas *Câmeras Indiscretas* e *Um Fato em Foco*, seguido por *O Homem do Sapato Branco* na TV Cultura, sublinhando que "conseguiu, desde o início, atingir níveis de audiência não alcançados por qualquer outro, naquela época". Jacinto comenta que havia uma intenção por trás das muitas cenas de baixaria que exibiu:

> Senti que a contribuição da televisão poderia ser bem mais valiosa para o público se pudesse dar solução a diversos e graves problemas sociais. Acreditei que alguns casos de injustiças cometidas, desacertos familiares ou simples desavenças entre partes poderiam, se conduzidos com boa dose de compreensão e algum rigor, ser facilmente harmonizados.

Jacinto desenvolve o conhecido argumento de que sempre se pautou pela exibição da verdade: "Nunca nos preocupamos com suntuosas montagens e mirabolantes técnicas de efeito. O fato, somente o fato, interessa a nós. Enfocá-lo dentro de sua total realidade, mantê-lo cru e vivo, foi o que sempre fizemos". E enumera algumas reportagens escandalosas que fez, cujos títulos falam por si: "Foi com esse mesmo espírito que exibimos os horrores da Casa de David; o drama vivido pela Mulher do Cemitério; a odisseia do Cavalo de 38 Donos; e os segredos do Homem Mãe". O apresentador reconhece o aspecto "sensacionalista" de sua abordagem, mas o justifica, insistindo que fez tudo em nome de um bem maior: "Estes quadros, como muitos e muitos outros, pretendiam, mais do que fazer sensacionalismo, lancetar escândalos, expor problemas, ajudar a resolver situações incomuns".

Nesse ponto da reportagem, Jacinto (ou Arlindo?) começa a desenvolver o argumento mais original: muitas das situações que exibiu no auditório ou nas ruas tiveram a intenção de evitar violência maior:

Os fatos foram, são e serão mostrados na sua crueza com o propósito de minorar o sofrimento, as ânsias e as fraquezas dos seus personagens. Posso garantir uma coisa: o entrechoque entre as pessoas, dentro do programa, já evitou, não poucas vezes, que elas partissem para atitudes de agressões, de graves consequências. Muitas vezes já evitamos crimes de morte entre as partes em litígio, quando, por falta de comunicação entre elas, as tensões se agravavam e impediam o bom entendimento.

"Frustração leva ao ato violento", anota Arlindo. Jacinto emenda, com uma citação técnica: "Em concordância com Megargee, acredito que toda frustração leva ao ato violento".[2] E prossegue com palavras e um vocabulário que em nenhum outro momento o ouvi enunciar: "No meu programa, tais impulsos são refreados pela facilidade do extravasamento que, de modo geral, leva os contendores a um estado de catarse e consequente harmonização de ideias".

O texto engata, então, uma justificativa para outro problema grave — a atitude que Jacinto frequentemente adota de "juiz", buscando solucionar "pequenas causas" em seu programa:

Nunca tivemos a veleidade ou a ridícula pretensão de nos sobrepormos à Justiça brasileira, cujas decisões são sábias e soberanas. O que acontece é que o homem de menor esclarecimento desconhece as engrenagens do seu funcionamento lento, embora perfeito. O que ele procura, frente às câmaras, é obter uma rápida solução para os seus problemas. São

---

[2] Refere-se possivelmente ao livro *A dinâmica da agressão: Análise de indivíduos, grupos e nações*, de Edwin Megargee e Jack E. Hokanson. São Paulo: Edusp, 1976.

questiúnculas entre vizinhos ou parentes, esbulhos possessórios, queixas sobre práticas incestuosas, apropriações indébitas, negações de paternidade, seduções, estupros e uma infindável gama de complicados e dramáticos assuntos, entregues ao *martelo* do apresentador.

Na parte final do texto, Arlindo lembra que Jacinto disputará uma vaga de deputado estadual nas eleições do ano seguinte (1982) e aproveita para traçar o melhor retrato possível de um homem com fama de difícil: "Não obstante algumas explosões, manifestadas durante certas entrevistas, Jacinto Figueira Júnior é de temperamento tranquilo e afável, maneiroso no trato, e homem de hábitos comedidos. Não bebe e, agora, deixou de fumar". E mais: "Jacinto Figueira Júnior é católico praticante e busca na doutrina cristã a inspiração para aconselhar todos os que procuram o seu programa, na esperança de encontrar nele uma janela para suas aflições".

A insistência em reportagens sobre usuários de drogas tem uma explicação também. Não é exploração sensacionalista, explica Arlindo: "Eliminar o uso da maconha, erradicá-la mesmo, é constante preocupação do Homem do Sapato Branco, que tem pelos tóxicos manifesto horror. Ele considera tarefa de cada um de nós envidar esforços no sentido de afastar os jovens da senda do vício". Da mesma forma, a exibição de jovens carentes e deficientes físicos não é resultado da busca de audiência a todo preço. É benemerência, diz Jacinto:

> Mostrar o padecimento e as privações sofridas pelos excepcionais internos da Casa de David custou-me alguns dias de detenção em Brasília e a suspensão temporária do programa, quando estávamos na TV Cultura. Tais consequências, entretanto, não impediram que a instituição recebesse milhares de cruzeiros em donativos, enviados por

espectadores de todo o estado de São Paulo, penalizados com o que lhes foi mostrado.

Arlindo encerra o texto evocando, indiretamente, um trauma de Jacinto, para lembrar que ele é uma pessoa de enorme coração: "Asilos e orfanatos, que enfrentam crises de recursos, encontram, sempre, no Homem do Sapato Branco um fiel aliado. Ele constantemente promove campanhas de Natal, de fornecimento de gêneros alimentícios, roupas e brinquedos. Sempre com resultados positivos".

16.
A vida como ela é: tiro no garçom e outros causos

Jacinto foi famoso em dois períodos da vida — a década de 1960 e as décadas de 1980 e 1990. Mas não foi o tipo de celebridade que ganhava as páginas das revistas ilustradas ou de publicações destinadas à classe média e à elite. O seu estilo de vida, as amizades e os amores que teve eram assunto para o *Notícias Populares* e o *Luta Democrática*, entre outros jornais populares.

A primeira vez que a sua vida pessoal despertou interesse jornalístico foi em 13 dezembro de 1963. Dado o sucesso que estava fazendo com *Um Fato em Foco*, na TV Cultura, naquele dia Jacinto foi apresentado aos leitores do *Diário da Noite*, do mesmo grupo empresarial (os Diários Associados). O popular vespertino fez um pequeno perfil do então produtor, informando que ele era paulistano, solteiro, apolítico e dizia acreditar que "a chave para o sucesso é ter sorte, talento e oportunidade". Pela sinceridade, um item nesse perfil chama a atenção: "Seu hobby é visitar, todas as noites, os 'inferninhos'".

Jacinto nunca se casou formalmente nem teve filhos. "Amei realmente quatro mulheres. A primeira eu amei oito anos. A segunda eu amei dezessete anos. A terceira, oito anos e a quarta, seis anos", resumiu em 2000, numa entrevista. Mas gostava de se gabar de ter sido um grande conquistador. Em rodas de amigos, ou diante de admiradores mais jovens, falava de suas aventuras com o que chamava de "mulheres da noite". Sua história favorita envolvia uma mulher que teria sido hospitalizada por causa do furor sexual de Jacinto. "Belo, você quase me matou", contava, reproduzindo a fala da mulher. "Ganhei o prêmio de pênis de ouro", dizia, rindo. "Posso garantir que fui um grande jóquei."

Há controvérsias sobre a esperteza do jóquei. O jornalista Albino Castro, que foi chefe de Jacinto no *Aqui Agora*, diz que ouviu outra versão sobre a fama de "grande jóquei". "Jacinto era um homem da noite. Falavam que ele tinha perdido tudo que ganhou. Editores comentavam: 'Jacinto foi vítima de cavalos lentos e mulheres rápidas'. Diziam na redação. Mas acho que era folclore da boemia." O operador de câmera Javier Malavasi, que trabalhou no SBT a partir de 1981, conta que Jacinto falava abertamente do seu drama pessoal. "Ele dizia, daquele jeito: 'Perdi tudo, lindo. Tinha boate, tinha apartamento. Achei que ia morrer, deixei tudo assinado para a mulher'. Você não sabia se era para ficar com pena ou achar engraçado. Acho que ele voltou à televisão, nessa época, por esse motivo", diz Bocão, como é conhecido. "Ele era boa-vida. Só era baixinho. Tinha aquela imponência. Não era um galã, mas era um cara bonito, boa-pinta. Então, o que acontece? Começou a recrutar as meninas. A difícil vida fácil. O Jacinto virou uma celebridade. Roubaram dinheiro dele terrivelmente", conta Clery Cunha sobre os negócios de Jacinto em casas noturnas.

Há muitas histórias sobre a movimentação de Jacinto na vida noturna de São Paulo. Homero Salles se recorda de um encontro com ele, por acaso, em um hospital, numa madrugada, no centro da cidade. O diretor dos programas de Gugu Liberato tinha levado ao pronto-socorro uma pessoa que fora atropelada nas redondezas. E deu de cara com o Homem do Sapato Branco em missão privada. Jacinto estava com duas mulheres de uma boate. Uma estava com o rosto sangrando por culpa da outra, que tinha jogado um copo na cara dela. Segundo o relato que ouviu de Jacinto, elas haviam brigado na boate. "Jacinto já foi avisando o policial de plantão no hospital que não era para registrar o caso, e ele aceitou a ordem", conta Homero.

Pelo menos duas das quatro mulheres que Jacinto diz ter amado estão realmente relacionadas ao que ele chamava de "hobby" ("os inferninhos"). A primeira foi Tânia (nome de batismo: Geraci Batista Maciel), dona da boate Kilt, aberta em 1971. A casa noturna era um conhecido "inferninho" na rua Nestor Pestana, no centro de São Paulo, que exibia shows de striptease e de sexo explícito. "A gente quase casou. Já tinha até vestido de noiva comprado. Foi na década de 1960. Estávamos juntos em 1969, quando o homem pisou na Lua", ela me disse, por telefone, cortando rapidamente a conversa. "Tânia era muito bonita e Jacinto queria exclusividade. E não era bem por aí", acrescenta Lilian Gonçalves, que foi amiga dos dois. Conhecida pelo título de "rainha da noite" de São Paulo, a empresária é dona de várias casas noturnas no bairro de Santa Cecília e é filha do cantor Nelson Gonçalves.

Tânia também falou brevemente sobre o romance em 2001, numa das muitas reportagens que apresentaram um retrato triste de Jacinto, então com dificuldades financeiras, sofrendo as sequelas de um derrame. Ela contou que viveu com Jacinto por cinco anos. Tinha vinte anos quando começou o romance, ainda na década de 1960, e entusiasmou-se com a fama do parceiro. "Ele era belíssimo. Fiquei grávida, decidimos abortar e o encanto passou. O papai-mamãe que fazíamos era maravilhoso. Soube de mulheres que se suicidaram por ele."[1] Em 2012, sete anos após a morte de Jacinto, Tânia voltou a falar brevemente sobre

---

[1] Sobre o suposto suicídio, a fonte principal é o *Notícias Populares*. Em 23 nov. 1968, o jornal publicou na capa a notícia da morte da jovem Vera Lúcia Florindo de Castro, de dezenove anos. Segundo o jornal, no dia 12 daquele mês, ela havia sido encontrada morta pela mãe, após enforcar-se em sua casa, em Jundiaí. De acordo com a mãe da jovem, a filha vinha nutrindo uma incontrolável paixão pelo famoso apresentador de TV. "Paixão que aumentou ainda mais depois de duas visitas recentes que Figueira Júnior havia feito àquele município", observa o *NP*.

o ex-namorado famoso. Relembrou que viveram o romance quando ele estava no auge, no duplo papel de apresentador de *O Homem do Sapato Branco* na Globo e de deputado estadual, com planos de voos mais altos na política. Ela conta que chegou a se imaginar no papel de primeira-dama, mas a empolgação não durou muito. Jacinto foi cassado, perdeu o emprego na TV e a namorada. Com os recursos que tinha reunido na época, Tânia decidiu abrir a sua primeira boate e seguiu em carreira solo.

Outra mulher com quem Jacinto se relacionou, Maria Andreia Godoy, também foi dona de uma boate na Nestor Pestana, a Vagão Plaza. Era uma mulher que veio do Mato Grosso com filho pequeno. Jacinto a conheceu na noite, e começaram a namorar. Descrita como uma jovem bonita, simpática e inteligente, conseguiu erguer o próprio negócio com ajuda do companheiro ilustre. Segundo o sobrinho Helvio Figueira, Jacinto não era sócio oculto da Vagão, como muita gente afirma. "Ele não precisava da casa. Ganhava dinheiro na TV. Ele não tinha problema de dinheiro", diz. Sócio ou não, Jacinto acompanhava de perto o movimento da casa noturna. Ajudava a selecionar as garotas contratadas para os shows de striptease, resolvia problemas internos, apartava brigas, orientava os seguranças da casa e, não menos importante, tinha bom relacionamento com alguns dos policiais que cobriam a área.

Essa combinação de circunstâncias ajudou a levar o Homem do Sapato Branco às manchetes dos jornais populares em 17 de fevereiro de 1984, quando atirou num homem que supostamente teve um caso com sua mulher.[2] Jacinto e Andreia viviam juntos num edifício de apartamentos na mesma rua Nestor Pestana, distante não mais de duzentos metros da boate.

[2] Em duas colunas, de lado a lado, em caixa alta, o *Notícias Populares* noticiou: O HOMEM DO SAPATO BRANCO FUZILA GARÇOM CONQUISTADOR. Já o *Luta Democrática*, um pouco mais comedido, informou em três colunas: O HOMEM DO SAPATO BRANCO FUZILA GARÇOM.

Na madrugada de 16 de fevereiro, Andreia deixou a Vagão Plaza mais cedo que de costume, acompanhada do garçom Adilson Irineu Mello. A partir desse ponto, há duas versões muito diferentes sobre o que ocorreu.

A primeira versão é a do garçom e está registrada no boletim de ocorrência feito no 4º Distrito Policial de São Paulo. Adilson contou à polícia que acompanhou Andreia até o apartamento a pedido dela, que teria dito que estava se sentindo mal. Enquanto servia um copo de água à patroa, Jacinto entrou no apartamento. O garçom tentou contornar o mal-estar que se instalou, mas o apresentador pegou um revólver que estava guardado numa caixa e passou a ameaçá-lo de morte. Temendo por sua vida, Adilson se escondeu dentro do banheiro. Jacinto, segundo o relato do garçom, correu atrás dele e atirou na porta. Furioso, gritando, repetiu a ameaça de matá-lo. Ainda segundo Adilson, logo chegou um amigo de Jacinto, que ajudou a acalmá-lo. Ele, então, teve permissão para deixar o refúgio, mas sem roupa, registrou no BO. De cuecas, o garçom saiu do banheiro, e ainda enfrentou um novo contratempo. Como Jacinto seguia apontando o revólver e o ameaçando, Adilson segurou no seu punho, levando o rival a fazer novo disparo em direção ao chão.

Na versão de Jacinto, ele viu o momento em que Andreia deixou a boate acompanhada de Adilson e recomendou ao garçom: "É para levar até a casa dela e volta". Mas um gerente da Vagão Plaza colocou uma pulga atrás de sua orelha: "Lindo, fica esperto. Ela está lá com o garçom". Jacinto, então, decidiu ir até o apartamento para conferir. Lá chegando, conta que ouviu urros. Diz que pensou: "Alguma coisa diferente está acontecendo". Ao abrir a porta encontrou a mulher e o garçom "fazendo um bom sexo". Foi então que pegou o revólver e disse para Adilson: "Lindo, você vai morrer! Você não pode fazer isso. Você não pode fazer com que o seu patrão seja corno na cama dele". Tentando se vangloriar, Jacinto contou algumas vezes que acertou um tiro na mão de Adilson, o que não ocorreu, segundo os registros do caso.

Policiais ligados a Jacinto ajudaram a plantar nos jornais uma terceira versão da história, na qual procuraram transferir para Adilson toda a responsabilidade pelo que ocorreu. Segundo eles, "o rapaz não se conformava com a condição de garçom e sempre foi metido a conquistador". Ainda segundo esses policiais não identificados pela imprensa, "o garçom teria desrespeitado Andreia". Jacinto, ao entrar no apartamento, se deu conta disso. "E, irritado, resolveu advertir o garçom." Um policial "bastante ligado a Jacinto", segundo o *Luta Democrática*, acrescentou: "Este garçom sempre deu uma de Don Juan. Várias vezes criou confusão com mulheres da boate. Mas Jacinto sempre procurou contornar a situação, impedindo que Maria Andreia o dispensasse".

A versão policial embutia uma tentativa de levantar o moral de Jacinto e dizer que ele não havia sido traído pela mulher. Mas ele próprio não comprou essa versão da história. Mais de uma vez relatou abertamente que fora traído. Contava essa história rindo, mas consciente do seu papel no caso. "Andreia resolveu se enturmar com o garçom", dizia.

Após Adilson deixar o apartamento e se dirigir ao 4º DP, Jacinto fugiu, possivelmente para evitar uma prisão em flagrante. E foi se esconder numa casa em que sua mãe havia morado, no Tatuapé. Naquela ocasião, sofrendo de Alzheimer, ela já estava internada numa clínica, mas a residência seguia em condições de uso. A sobrinha Miriam conta que foi buscá-lo e o levou para o refúgio. Alguns dias depois, acompanhado do irmão Valdemar, Jacinto depôs na delegacia. O caso foi registrado como "ameaça" e não deu em nada. A maior consequência foi para o relacionamento com Andreia. Após o tiro no garçom, as coisas começaram a desandar e eles resolveram se separar.

A situação mexeu muito com a autoestima do machão. "Ficou muito triste. Arrasado. O grande conquistador aparecer como marido traído foi um golpe bem duro", conta Lilian Gonçalves. "Ele falava com muita tristeza. Até chorou." Lilian tentava consolar Jacinto dizendo que "acontece com todo mundo", mas não funcionava. "Como é que eu faço agora?", respondia Jacinto. "Eu dei tudo para aquela mulher."

Afastado da TV, apenas fazendo participações como jurado do "Show de Calouros", e com a fama de "marido traído", foi morar num apartamento na Bela Vista e enfrentou uma séria crise de depressão. Meses depois do tiro no garçom, os jornalistas Julio Saraiva e Antonio Marcos Soldera encontraram Jacinto num boteco no centro de São Paulo. Os dois trabalhavam no *Notícias Populares*, na cobertura policial e nas histórias da vida noturna, e ficaram chocados com o estado do Homem do Sapato Branco. "Ele estava muito mal, decadente", conta Soldera. No dia seguinte, já no NP, os jornalistas relataram o encontro a Ebrahim Ramadan, o lendário comandante do jornal entre 1972 e 1990.

Além de ser um personagem frequente no noticiário sobre televisão, Jacinto naquela época também frequentava a redação. Ele assinava uma coluna na qual posava de paladino da justiça e, às vezes, ia pessoalmente entregar o texto. "Denunciar tudo o que não for correto, quebrar tabus e preconceitos e alertar o público contra os perigos do mundo atual." Foi dessa forma que Ramadan anunciou a estreia do colunista em outubro de 1981. A coluna foi publicada diariamente até 21 de maio de 1984 e fez barulho ao denunciar cassinos clandestinos, casas de massagens e falsos pastores, entre outros.

Para levantar o moral de Jacinto, que estava com a fama de marido traído, Ramadan teve a ideia de publicar uma história relatando que o Homem do Sapato Branco voltara a namorar Tânia Maciel, dona da boate Kilt, concorrente do Vagão Plaza, de Andreia Godoy. Eram donas das duas casas mais famosas na região e, não por acaso, a imprensa popular estimulava uma rivalidade entre as duas havia algum tempo. Seria uma forma de demonstrar que Jacinto saiu por cima na história, o que não era verdade. Nas lembranças de Soldera, foi Saraiva quem se encarregou da tarefa, e publicou algumas matérias sobre a suposta retomada do romance de Jacinto com a ex-namorada. Um pecadilho jornalístico, como muitos outros que o *NP* cometeu em sua história.

O trauma jamais foi superado. Uma década depois do incidente, e da separação, Jacinto ainda falava de Andreia sempre que saía para fazer reportagens para o *Aqui Agora*. O câmera José Rubens Mainente se lembra que Jacinto pedia para o carro do SBT passar em frente ao Vagão. "Ele ficava olhando para a boate", conta. Em paradas com a equipe para almoçar na rua, Jacinto enumerava os bens que afirmava ter transferido para o nome de Andreia. "Sempre contou essa história", diz Mainente. "Todo mundo sabia da vida dele."

Amor platônico

O pesquisador Jayme Antônio Ramos, que mantém há anos o blog Histórias do Pari, mais de uma vez mencionou uma misteriosa senhora que a cada dois meses visita o túmulo de Jacinto no Cemitério da Quarta Parada, no Brás, "onde embeleza o local com flores, segundo ela de plástico, que assim duram mais". Anualmente, ela também mandava rezar uma missa em memória de Jacinto.

O guardião da memória do Pari afirma que ela não permitiu a divulgação do seu nome. Por isso, ele ora a chama de "Maria de Lurdes", ora de "d. MLB" e, às vezes, de "a sra. de preto". Diz que ela pediu que o blog contasse histórias de Jacinto. "Essa senhora pediu para falar dele, pois ela tinha muita amizade com a família, com a d. Isabel, sua mãe, seu irmão Valdemar, sua

cunhada dona Alice", diz Jayme. Essa senhora misteriosa conviveu com a família do Homem do Sapato Branco de 1964 até 1981 e fala com muito carinho do Jacinto e da mãe dele, d. Isabel, que foi uma pessoa muito boa, segundo ela.
Em uma das postagens, Jayme observou:

> Na realidade foi um telefonema muito estranho, pois não tenho a menor ideia de quem seja essa prezada senhora. Segundo ela mesmo disse, já adoentado, Jacinto lhe falava com grande carinho, um carinho de irmão. Enfim, apesar de sua idade bem avançada, MLB tem uma memória avantajada e narra fatos do cotidiano da família Figueira de então e da maneira mais respeitosa possível.

Em outra ocasião, Jayme foi um pouco mais audacioso ao falar da relação de MLB com Jacinto: "Podemos chamar tanta admiração, que inclusive ultrapassa as raias de fã, para um amor platônico".

O "homem grávido" e o homem na Lua

A tarefa de reconstituir os passos de Jacinto é dificultada pela falta de rigor de muitos que escreveram sobre ele ou o entrevistaram. Além disso, por falta de memória ou mitomania, problemas que o afetaram especialmente nas últimas duas décadas de vida, o Homem do Sapato Branco inventou histórias, misturou dados e confundiu muita gente. Em 2002, no programa *Provocações*, por exemplo, Antônio Abujamra embaralha um fato real, uma entrevista de Jacinto com o "homem grávido", com uma situação impossível de ter ocorrido, criando uma enorme confusão em torno de um feito histórico de outra figura lendária da televisão, Silvio Santos.

"Em 1969, na hora em que todos os canais do mundo transmitiam, de cabo Kennedy, os astronautas se preparando para descer na Lua, o seu programa entrevistava o 'homem grávido'. Não dava para deixar isso para o dia seguinte?", pergunta Abu, oferecendo a oportunidade para Jacinto dar trela à mentira. "Não dava. Não dava. Não dava. Eu coloquei realmente o homem que era grávido. Coloquei no ar."

Jacinto foi demitido da Globo em janeiro de 1969 e cassado em março. Só voltou a trabalhar na televisão em novembro de 1979. Como o homem pousou na Lua em 20 de julho de 1969, ele deve ter assistido à cena em casa, na companhia de Tânia Maciel, como ela conta. Walter Clark diz em seu livro, *O campeão de audiência*, que foi o *Programa Silvio Santos*, e não *O Homem do Sapato Branco*, que atrasou a transmissão da Globo. O Centro de Pesquisa e Documentação de História Contemporânea do Brasil (CPDOC), da FGV, confirma: "A audiência do programa de Sílvio Santos era tanta que em 20 de julho de 1969, quando a nave Apolo 11 pousou na Lua, a Globo foi a última emissora a entrar em cadeia com a televisão norte-americana, para não cortar o programa de auditório do apresentador".

Ainda sobre o "homem grávido", Abujamra pergunta se Jacinto foi "padrinho do filho dele". E ele responde: "Não fui padrinho coisa nenhuma (*risos*). Porém, eu vi o filho nascer. Porque ele era hermafrodita. E ele nasceu, filho dele. Ele falou: 'Eu sou homem, eu estou grávido'. Tudo bem. Botei no ar".

Outra boa história inventada por Jacinto, com a ajuda de Donato Guedes, apareceu no jornal *Metrô News*, em 1979. Numa grande entrevista sobre a volta de *O Homem do Sapato Branco*, os dois discorrem sobre a trajetória de Jacinto na década de 1960. Ao falar de *Um Fato em Foco*, Guedes diz que "o programa foi retirado do ar quando exibiu um filme secreto da embaixada dos Estados Unidos, que mostrava o treinamento dos astronautas que iriam à Lua".

Entrou na contramão e pediu uma colher de chá

No início de 1967, o então governador Abreu Sodré resolveu promover uma série de mudanças no trânsito da cidade de São Paulo. E convocou para a tarefa o coronel Américo Fontenelle, que ficara famoso na Guanabara por "educar" os infratores do trânsito esvaziando os pneus dos carros estacionados irregularmente. Em menos de dois meses de atuação em São Paulo, o linha-dura Fontenelle alterou a circulação de 185 ruas nos bairros do Brás, Ipiranga, Mooca, Itaim e Vila Mariana, remanejou terminais rodoviários para desafogar o centro velho e instalou quatro terminais de ônibus urbanos.

Jacinto foi uma das muitas vítimas da chamada "Operação Bandeirantes". Na madrugada de 26 de fevereiro, entrou com seu carro numa contramão, foi parado por um policial e criou uma confusão tão grande que acabou na delegacia. Os jornais relatam que o então deputado estadual desacatou o guarda de trânsito que chamou sua atenção quando ele entrou na contramão. Segundo *O Globo*, ao ser multado, ele pediu "uma colher de chá" ao policial, alegando sua condição de parlamentar. Além da infração e do desacato, Jacinto não portava nenhum documento na hora do incidente. A "carteirada" não funcionou. Ao contrário, piorou as coisas. O guarda resolveu pedir a presença do coronel Fontenelle para solucionar o caso. Resumiu o jornal:

> Enquanto isso, várias viaturas policiais iam chegando ao local e o número de policiais se avolumava. Depois de muita confusão, um representante do Departamento Estadual de Trânsito conduziu todos ao plantão da Polícia Central com o carro do Homem do Sapato Branco sendo guinchado e o guarda de trânsito recebendo um elogio: "Cumpriu muito bem as ordens do coronel Fontenelle".

17.
Namoro com o malufismo

No auge da popularidade, em 1968, o deputado estadual Jacinto Figueira Júnior chegou a fazer planos de disputar uma vaga como senador nas eleições de 1970. Comentou esse plano com amigos e com a namorada, Tânia Maciel. Com três palanques de ótima visibilidade — a TV Globo, a Rádio Nacional e o gabinete na Assembleia Legislativa —, a ambição não configurava um delírio de grandeza. Como registrou uma coluna social no *Diário da Noite* em novembro de 1968: "O Hollyday do formidável Sinésio recepcionou segunda-feira autoridades policiais e o 'Homem do Sapato Branco' — deputado Jacinto Figueira Júnior. O parlamentar paulista não escondeu de ninguém sua vontade em candidatar-se a senador nas próximas eleições".

O sonho, porém, não prosperou. Pior, resultou num pesadelo, um dramático ponto de inflexão em sua trajetória profissional e pessoal. A carreira de Jacinto começou a ruir menos de um mês depois dessa nota de jornal, em 15 de dezembro, quando a ação beneficente de Natal que programou resultou num caos no centro de São Paulo. E todos os seus planos viraram pó no início de 1969, primeiro ao ser preso e depois ao perder o mandato e ter os direitos políticos suspensos por dez anos pela ditadura militar.

Todos os relatos indicam que Jacinto comeu o pão que o diabo amassou na década de 1970. Com um programa sem maior repercussão no rádio, apostou num negócio em sociedade com Donato Guedes, o Clube do Sapato Branco, que não deu certo, e acabou mergulhando com tudo na administração da boate Vagão, no centro de São Paulo. Foi sua principal ocupação no período. O jogo só virou mesmo em dezembro de 1979, quando voltou à televisão pelas mãos de Silvio Santos. E, ato contínuo, em 1980, ele começou a se mexer com o objetivo de recuperar a carreira política, agora abraçando o malufismo. No bipartidarismo imposto pelo regime militar, Jacinto optou, em 1966, pelo MDB, como muitos outros políticos que tinham então alguma ligação com Jânio Quadros. Não foi uma opção por fazer oposição ao governo. O apresentador sempre se declarou "apolítico" e, diferente do que aponta sua ficha no SNI, nada indica que tenha tido, de fato, uma posição política muito nítida.

Isso fica claro na virada de 1979 para 1980. Jânio Quadros estava de volta ao jogo político em São Paulo. Interessado em concorrer à sucessão de Paulo Maluf ao governo do estado de São Paulo, o ex-presidente se filiou ao PTB. Mas Jacinto foi em outra direção. Filiou-se ao partido do governador, o PDS (sucessor da Arena). Por que fez isso? "Encontrei amigos de muitos anos no PDS. Seria injusto e desonesto da minha parte voltar à política pelo PMDB somente para dizer que sou da oposição", disse em novembro de 1980, ao assinar a ficha do partido.

Por "amigos de muitos anos no PDS" leia-se Salim Curiati e Wadih Helu, dois políticos que se tornaram malufistas de ponta. Assim como Jacinto, eles também iniciaram a carreira como deputados estaduais na legislatura de 1967, mas em campo oposto ao do apresentador, na Arena. Curiati foi solidário com Jacinto em alguns de seus momentos mais difíceis, e se tornaram amigos. "Muito amigos", me disse um dos filhos, o médico José Curiati. A filiação ao PDS, assim, não causa nenhum estranhamento. Parece lógica, até. Mas Jacinto aproveitou o momento para fazer uma elucubração que soou forçada. Afirmou que a escolha foi uma resposta aos colegas do MDB, que não o apoiaram quando ele foi preso nem, posteriormente, quando foi cassado e ficou sem trabalho na televisão. Ao se encontrar com Maluf em 19 de novembro de 1980, o apresentador abusa da bajulação. "Vou procurar mostrar uma verdade que muita gente desconhece, que é o trabalho do governador Paulo Maluf", afirmou Jacinto. E esbanja ressentimento: "Não volto ao PMDB por motivos óbvios, porque meus correligionários não demonstraram respeito ao ser humano que necessitava de um apoio moral que me foi negado". Já o PDS afirma que aceitou receber Jacinto porque contra ele não pesava nenhuma acusação de "corrupção".

Jacinto sempre foi visto dentro do partido como uma figura extravagante, extrovertida, que chamava a atenção, mas não era levado a sério. Permaneceu no entorno do malufismo, mas nunca chegou a se aproximar de Maluf, propriamente. Em 1982, no ano da eleição, Jacinto se dá conta de que não é uma prioridade do governista PDS. E reclama, tanto do partido quanto da legislação que o impede de fazer propaganda na televisão durante o seu programa: "É uma campanha para quem tem dinheiro, e eu sou um duro. Ganho 200 mil cruzeiros por mês na televisão [o equivalente a 8 mil reais em 2021, atualizado pelo IPCA]. E no programa não posso falar nada, nem mesmo que sou candidato". Assim como *O Homem do Sapato Branco* não fez o sucesso esperado, no SBT, o candidato a deputado estadual Jacinto Figueira Júnior foi mal nas urnas, conseguindo apenas 14 641 votos. Era um sinal tão eloquente quanto duro de que a boa fase da década de 1960 não havia voltado.

Sem o seu programa, ausente da grade no início de 1983, Jacinto continuou a aparecer no SBT como parte do divertido corpo de jurados do "Show de Calouros", no programa de Silvio Santos. Era um prêmio de consolação, que rendia alguma exposição na mídia, mas sem maior prestígio. No final do ano seguinte, Jacinto deixou também de participar do quadro. Na sequência, atuou por alguns anos como jurado do *Clube do Bolinha*, na TV Bandeirantes, e manteve um programa na Rádio Difusora, sem maior repercussão. E um novo sinal de que a decadência parecia irreversível ocorreu em 1986. Jacinto mais uma vez disputou uma vaga na Assembleia Legislativa de São Paulo, pelo PDS, e conseguiu somente 3187 votos. Por ironia, o deputado mais votado naquela eleição foi o jornalista Afanásio Jazadji, que se notabilizou pelo programa que apresentava no rádio, em que fazia a defesa da pena de morte e ajudava a polícia a resolver casos dramáticos que estavam sem solução. Filiado ao mesmo PDS, ele se tornou o campeão das urnas com 558 138 votos. Curiosamente, Donato Guedes, ex-diretor do programa de Jacinto, era então produtor do programa de Afanásio no rádio e ajudou na eleição do radialista com uma proposta mirabolante. Um dos slogans da campanha de Afanásio era: "A segurança é nossa. A liberdade é sua. Bandido é na cadeia! Gente boa é na rua". Donato teve, então, a ideia de criar uma espécie de cadeia ambulante, com presos dentro, que circulava por São Paulo e cidades do interior pedindo votos para Afanásio. "Ele tinha umas ideias malucas, como essa do 'caminhão-cela'. Vestimos sete ou oitos caras com roupa de presos e transformamos uma carreta numa cela de prisão. Então, a gente desfilava pela cidade, com alto-falante, com o jingle da campanha. Foi o maior sucesso. Quem fez a cenografia foi um funcionário do SBT", conta Afanásio.

Nessa altura, para Jacinto, conseguir se eleger representava a possibilidade de ter um salário no fim do mês. Sem emprego na TV, ele começa a se oferecer abertamente, quando dá entrevistas. Em 1988, cogitou tentar uma vaga na Câmara de Vereadores, filiado agora ao PFL, mas desistiu. A situação estava tão feia que, em 1º de abril de 1990, o diário *Notícias Populares* relata que Jacinto "denunciou" a síndica do prédio em que residia, reclamando do aumento do condomínio onde morava de favor. Em setembro de 1990, correu a notícia de que Jacinto tentaria novamente uma vaga na Alesp, dessa vez pelo PDT. A notícia não se confirmou.

A última tentativa ocorreu em 1994. De volta ao SBT, como repórter do popularíssimo *Aqui Agora*, Jacinto disputou mais uma vez uma cadeira de deputado estadual, pelo PTB. Além dele, outros dois repórteres do telejornal, Celso Russomanno e João Leite Neto, tentaram surfar na onda do programa, o primeiro buscando uma vaga na Câmara dos Deputados, em Brasília, e o segundo, no Senado. Dos três, apenas o xerife do consumidor foi bem-sucedido. Russomano teve 233 482 votos, marca que lhe valeu o título de campeão das urnas naquele ano. Jacinto alcançou apenas 7661 votos. O fracasso retumbante indicava que, infelizmente, o seu tempo havia passado — tanto na televisão quanto na política. Anos depois, em 2001, ele lamentou ter um dia se aventurado pela política: "Foi a pior coisa que fiz na vida", disse. "De mil amigos, sobraram oito."

18.
O "cronista do absurdo" no *Aqui Agora*

Jacinto já havia passado dos 63 anos quando encarnou *O Homem do Sapato Branco* pela última vez. Foi em 1991, na esteira da criação do telejornal *Aqui Agora*. Seria a segunda chance do jornalista no SBT — e a última na carreira.

O programa se inspirava no argentino *Nuevediario*, um jornalístico noturno a que Silvio Santos assistiu durante uma viagem a Buenos Aires e mandou fazer no seu canal. Em contraste com o respeitado *TJ Brasil*, apresentado por Boris Casoy desde 1988, a proposta do *Aqui Agora* era fazer jornalismo popular, com muita reportagem policial e prestação de serviços essenciais. "Um jornal vibrante, que mostra a vida como ela é", dizia um dos slogans. Outro era: "Um jornal vibrante, uma arma do povo".

Marcos Wilson, diretor de jornalismo do SBT, responsável pela implantação do *TJ Brasil*, inicialmente não se empolgou muito com a ideia. Ele achava que um telejornal popular com as características imaginadas por Silvio deveria ser feito pela área de entretenimento da emissora, não pelo seu departamento. Albino Castro, um dos executivos, discordou. Na sua visão, com o *TJ Brasil* marcando apenas um dígito de audiência (entre cinco e sete pontos), como estava ocorrendo, se o telejornal popular realizado pelo entretenimento desse certo, a cúpula do jornalismo perderia prestígio e, eventualmente, os seus empregos. Com muitos anos de trabalho na Itália, como correspondente internacional, Albino não achava que fazer um telejornal sensacionalista fosse um problema grave.

Marcos Wilson mudou de ideia e procurou Silvio Santos. "O Albino voltou da Itália, está entusiasmado, quer uma chance", disse Marcos ao patrão. Silvio olhou para eles e respondeu: "Vocês são muito jornalistas, não vão saber fazer um programa para o meu público". Albino retrucou: "Se a gente tiver orientação, se você disser o que quer, a gente faz". Após um período de cerca de dois meses, em que foram realizados muitos testes e gravados alguns programas pilotos, Silvio aprovou: "Não é bem o que eu queria, mas vamos tentar", disse.

O dono do SBT, porém, não estava disposto a abrir a carteira. O seu mantra era: "Não vou tirar dinheiro do Baú da Felicidade, que está muito bem, para sustentar o jornalismo. A minha televisão tem que dar audiência". Por esse motivo, para montar a equipe do *Aqui Agora*, foi preciso aproveitar gente que já tinha laços com a emissora, muitos produtores e editores, e uma penca de sugestões do próprio Silvio Santos: Christina Rocha e Wagner Montes, remanescentes de *O Povo na TV*, Luiz Lopes Correa, do rádio, para não falar de outras excentricidades, como o pugilista Maguila fazendo comentários de economia, e Felisberto Duarte, o Feliz, apresentando a meteorologia.

O programa tinha uma série de colunistas/repórteres que vestiam a capa de "defensores" dos fracos e oprimidos: Celso Russomanno (consumidor), Osmar di Pieri (aposentados), Enéas Carneiro ("defensor do povo"), Rosmary Corrêa (a delegada Rose) e Erci Ayala (defesa da mulher), além de Sonia Abrão e Cinira Arruda, que tratavam da vida dos famosos. Gil Gomes, que se tornaria uma das maiores atrações do programa, foi ideia de Marcos Wilson, que o ouvia no rádio. Uma das sugestões de Silvio deixou a chefia preocupada: Jacinto Figueira Júnior. Albino Castro se lembrava dos programas do Homem do Sapato Branco e não guardava boas recordações. Achava muito sensacionalista. Mas Silvio pediu ao jornalista para dar uma chance a Jacinto, que estava desempregado.

A velha guarda trazida por Silvio se integrou com uma nova geração, selecionada pela cúpula do jornalismo da emissora. Profissionais como Amauri Soares, César Tralli, Roberto Cabrini, Sergio Ewerton, Sergio Frias e Gerson de Souza, entre muitos outros. No auge, o telejornal chegou a ter mais de vinte repórteres entre São Paulo e Rio. Para Jacinto, essa situação representou uma novidade completa. Pela primeira vez, ele não estava sozinho à frente do próprio programa, mas integrava a equipe de um telejornal com dezenas de profissionais. Essa possibilidade de comparar seu trabalho com o de colegas aumentou o estranhamento. Então diretor de esportes do SBT, Cabrini diz que aprendeu uma forma de fazer jornalismo totalmente diferente da que Jacinto fazia. "Eram outros princípios e métodos. Ele era um outro tipo de profissional. Era quase um ator fazendo jornalismo. Diferente da gente, que tinha outros princípios básicos, como ouvir o outro lado, preocupação total com apuração."

Jacinto e Gil Gomes eram as figuras que, quando entravam na redação, atraíam todos os olhares. Eram tipos já lendários — o primeiro, por tudo que havia feito na televisão, para o bem e para o mal; o segundo, pela forma de narrar e dramatizar casos policiais no rádio. Por isso, o Homem do Sapato Branco, em particular, também atraía olhares desconfiados tanto da cúpula quanto da nova geração. E, em mais de uma reportagem que Jacinto fez para o *Aqui Agora*, circulou entre os colegas a suspeita de que ele teria simulado tiroteios e perseguições.

Mais do que um choque de gerações, houve divergências sérias sobre o tipo de jornalismo que Jacinto praticava. A rigor, o questionamento era se o trabalho dele podia ser chamado de jornalismo. Cabrini, assim como outros colegas da nova geração, jamais encararam Jacinto como jornalista e não gostavam de ser vistos como se estivessem fazendo o mesmo tipo de trabalho. Ele era visto como um personagem. Um ator, um artista. Era considerado uma figura interessante desde que não fosse encarado como jornalista. Um tipo cult, até, mas de outro universo.

Albino se preocupava com o fato de vários repórteres, entre os quais Jacinto, terem vínculos com policiais. Por esse motivo, diz, orientou a equipe de editores a ficar atenta ao trabalho deles. Sua ordem era:

> Esse é um jornal popular. Vai ser escrachado, vai ser criticado. Pode apanhar por ser sensacionalista, por várias coisas, nunca por desonestidade. Eu quero que vocês sejam os meus fiscais. Tudo que for forjado, tudo que possa parecer putaria, porque eu não confiava muito nesse pessoal que vinha de linha de show, de programa do Silvio, tudo que não parecer honesto, me traz e eu decido se entra ou não.

Ainda na fase de testes, os editores começaram a levar as matérias de Jacinto para Albino avaliar. Várias tinham sinais de que as situações exibidas haviam sido encenadas ou forjadas. O executivo se recorda, por exemplo, de uma matéria de Jacinto sobre um certo "Clube do Corno", que reunia alegres vítimas de adultério, e outra sobre um "Hotel de Corda", no qual o hóspede pagava para dormir por duas horas apoiado numa corda estendida e quando acabava o tempo, era acordado aos solavancos. "Eram matérias que não deveriam ter ido ao ar", lamenta Albino.

A forma encontrada para atenuar esse problema foi caracterizar abertamente O Homem do Sapato Branco como autor de reportagens que não reproduziam a realidade dos fatos. Albino disse que teve a ideia de batizar Jacinto como "cronista do absurdo" inspirado no seu gosto pelo realismo fantástico. "Fiz toda uma prosopopeia para justificar", recorda-se o executivo. "Comparei o Jacinto com García Márquez para levantar

a moral dele. Disse que as reportagens expressavam um olhar especial do Jacinto. Por isso ele deveria ser chamado de 'o cronista do absurdo'. Todo mundo concordou."
Todo mundo menos Jacinto.

Ele veio à minha sala e perguntou. "Por que todos os repórteres são identificados pela cidade onde estão e eu como 'cronista do absurdo?'" Respondi: "Porque o que você faz é um jornalismo com base de ficção. O telespectador não pode ser enganado. O *Aqui Agora* não engana ninguém. Ele pode ser criticado, mas tem que ser verdade. Esse 'Clube de Corno' não tem". E ele: "Tem". Pedi que ele me provasse. Aí ele riu e reconheceu que não tinha. "Então, por isso, você é o cronista do absurdo".

Por respeito ou medo de Albino, Jacinto deu a entender que havia concordado com o apelido, mas não gostou. E foi reclamar com Silvio Santos. O patrão, então, convocou o editor executivo. Conta Albino:

Ele perguntou: "Albino, por que você chama o Jacinto de cronista do absurdo?". Eu falei: "Porque ele faz matérias que não são verdadeiras". Ele disse: "Mas as matérias dele são muito boas, dão muita audiência". Respondi: "Não estou falando que não dá audiência ou que ele não sabe fazer. Senão eu ia pedir a cabeça dele. Não estou pedindo. Estou só explicando que ele não faz 'jornalismo jornalismo'. Ele não faz o jornalismo que o Gil Gomes e o Wagner Montes fazem. Tem muita gente que critica o jeito deles, mas eles fazem matérias verdadeiras". Aí o Silvio disse: "Mas isso às vezes o público não entende". E eu: "O público não entende, mas quem é jornalista entende". Silvio, então concordou.

Para a nova geração, a solução de caracterizar Jacinto como "cronista do absurdo" é bem aceita. Como se recorda Roberto Cabrini, Jacinto tinha lugar num programa que se propunha a ter não apenas jornalistas, mas também personagens. "É a grande definição dele. A gente era repórter, que seguia os preceitos básicos e construía uma matéria; ele, não. Ele era um personagem." Sem condições de concorrer com Gil Gomes, Wagner Montes e os jovens repórteres, Jacinto adota, então, um tom cada vez mais leve, bem-humorado e, em algumas situações, de comédia explícita no programa.

É dessa fase, por exemplo, a reportagem claramente encenada do velório e enterro de um cachorro. Outra é o seu encontro com o cineasta José Mojica Marins, os dois dentro de um mesmo caixão. Assim como a entrevista com o ator e diretor Cacá Rosset, que se proclama rei de São Paulo e concede o título de marquês do SBT a Jacinto na praça da República. O cronista também é escalado para matérias destinadas a promover iniciativas positivas, como a Rádio TAMTAM, em Santos, que se tornou referência entre projetos de saúde mental e na luta antimanicomial. Entra em campo para mostrar um projeto de futebol para pessoas com deficiência visual. E, numa superprodução, encena uma "Escolinha do Sapato Branco", com mais de uma dezena de figurantes, para falar de um projeto no cemitério Vila Formosa de ensino para coveiros, sepultadores e jardineiros.

Parafraseando uma avaliação de Décio Pignatari sobre o Chacrinha dos anos 1980 comparado ao da década anterior, Jacinto foi no *Aqui Agora* um "robô-sósia" de *O Homem do Sapato Branco* de outros tempos. A decadência do repórter salta aos olhos. Como lembra Clery Cunha: "Ele já estava inseguro. Não tinha autoconfiança. Começou a falar palavrões, uma coisa que ele detestava. Sempre disse que apresentador de televisão precisa ter noção. E já estava com uma certa idade". Na memória de Albino, Jacinto estava "lento, muito velho já, muito alquebrado".

Jacinto muitas vezes parece sem paciência com os assuntos que lhe cabem mostrar no *Aqui Agora*. Isso é visível, por exemplo, em uma matéria sobre o chamado castelinho da rua Apa, no centro de São Paulo, que ele faz da forma mais burocrática e desinteressante. Local de um crime famoso na década de 1930, o imóvel estava abandonado, caindo aos pedaços, quando Jacinto fez uma visita. "É verdade que aqui tem fantasma?", ele pergunta para um sujeito que, aparentemente, vive no local. "Tem. A gente escuta uns ruídos meios estranhos. Umas pessoas gritando à noite, gemendo", responde. Após mostrar o imóvel de forma burocrática, Jacinto encerra assim: "Dizem, aqui, que almas penadas compareçam todas as noites. Como eu não sou herói, eu vou dar também um pinote, viu? Com licença".

Em maio de 1994, Jacinto foi parar na capa do *Notícias Populares* por causa de uma matéria para o *Aqui Agora* em Aparecida do Norte. Por ironia, a reportagem terminava com o repórter pedindo ao padre para benzer a equipe do SBT. Pouco depois, na via Dutra, em alta velocidade, a Veraneio que conduzia Jacinto, um cinegrafista e um produtor capotou duas vezes. Foi um acidente gravíssimo. O Homem do Sapato Branco quebrou uma clavícula e ficou alguns dias em observação em um hospital, em São Paulo, porque bateu com a cabeça dentro do carro. No dia seguinte, o *Aqui Agora* fez uma matéria sobre o acidente com o repórter veterano, explorando a ideia de que Jacinto havia pedido que o padre benzesse a equipe do telejornal. "Ficou aquela dúvida", conta o repórter cinematográfico José Rubens Mainente. "Se o padre não benzesse, a gente estava aqui agora?" Segundo o *NP*, Jacinto não sofreu nada de mais grave porque estava usando o cinto de segurança, o que ainda não era obrigatório, em São Paulo. O jornal, então, fez um jogo de palavras na manchete: "CINTO SALVA O JACINTO".

Segundo Albino Castro, Jacinto queria ficar no estúdio, e não mais fazendo reportagens nas ruas. "Ele queria comentar, queria ser o âncora. Mas não deixei. Porque eu sabia que não podia confiar. Mantive o Jacinto na reportagem." O jornalista entrava no ar uma ou duas vezes por semana. Por orientação da chefia, ele não era escalado para matérias policiais. "Falava para colocarem ele naquelas histórias de briga de vizinhos. Porque mesmo que ele armasse seria menos grave. Fica aquele bate-boca e entrava o 'cronista do absurdo'. Cabe tudo como cronista do absurdo", relembra o executivo.

O operador de câmera Javier Malavasi, que trabalhou no SBT desde o início do canal, hoje aposentado, conta que Jacinto era uma figura fácil de lidar. "Era divertido, bem-humorado, chamava todo mundo de 'lindo', não dava trabalho." Mainente tem uma lembrança parecida: "A gente pegava ele no apartamento dele e deixava ele lá no fim do trabalho. A turma tinha um respeito por ele. Tratava ele bem. Já estava muito decadente nesta fase. O que o salvou foi aquele salário do *Aqui Agora*". Na visão de produtores que o acompanhavam nas ruas, a avaliação sobre o repórter é positiva. Jacinto era habituado a ser dirigido em estúdio e na rua. Fazia o que o produtor indicava. Era um profissional disciplinado, conhecia televisão. Ia à redação quase todos os dias. Passava, pegava a pauta, saía, voltava e muitas vezes acompanhava a edição de suas matérias. Albino compartilha dessas visões: "Nunca teve conflitos abertos com a chefia. Ele era um homem sibilino, malandro, no bom sentido antigo, um homem dos anos 1930. Como se fosse um Assis Valente, Nelson Gonçalves. Não é malandro de bater carteira. É um tipo assim: o bom cabrito não berra. Não brigava. Nunca vi ele brigar ou alterar a voz com ninguém".

19.
Acusações e suspeitas não investigadas

O principal pilar do trabalho de Jacinto na televisão era a garantia de que, por mais chocantes que fossem os fatos exibidos em seus programas, ele estava sempre mostrando "a verdade", "a realidade". Esse aspecto é essencial para estabelecer uma relação de confiança com o espectador e assegurar que *O Homem do Sapato Branco*, por mais espalhafatoso que pareça, se filia ao mundo do jornalismo e não ao reino do entretenimento.

Esse compromisso foi sempre alardeado não apenas por ele, mas também pelas principais emissoras em que trabalhou. Em 1964, como vimos, um jornal do grupo Diários Associados dizia que *Um Fato em Foco*, exibido na TV Cultura, tinha por objetivo "focalizar a verdade nua e crua sobre certos cânceres que se infiltram em nossa sociedade, corroendo-a, vilipendiando-a, massacrando-a, depois de surpresa inevitável". Em setembro de 1981, num anúncio publicado em vários jornais, o SBT reconhecia que o programa poderia parecer chocante, mas garantia que "Jacinto Figueira Jr. apresenta a realidade nua e crua, num programa polêmico, vivo, agressivo, factual". O próprio apresentador insistiu nesse ponto em várias oportunidades. No já citado texto de Arlindo Silva, veiculado como informe publicitário na revista *Manchete*, Jacinto repete o argumento com pompa: "Nunca nos preocupamos com suntuosas montagens e mirabolantes técnicas de efeito. O fato, somente o fato, interessa a nós. Enfocá-lo dentro de sua total realidade, mantê-lo cru e vivo, foi o que sempre fizemos".

O depoimento de Clery Cunha deixa claro que há muitas ressalvas a fazer ao compromisso com a "verdade nua e crua" propagado por Jacinto. Cunha, como vimos, menciona explicitamente não apenas a encenação de situações como até a contratação de atores para a produção de cenas. Nesse caso, porém, é possível dar o benefício da dúvida ao Homem do Sapato Branco. Esse depoimento foi dado quase cinquenta anos depois dos acontecimentos. Eventualmente, o espectador foi informado que se tratava de reconstituição de cenas, e não de flagrantes reais. O mesmo vale para o depoimento de José Bonifácio de Oliveira Sobrinho, o Boni. Só no ano 2000 ele tornou público que teria flagrado, 31 anos antes, uma combinação entre um produtor do programa de Jacinto e um participante nos estúdios da Globo. Esse funcionário teria machucado o cidadão, dando-lhe uma cabeçada, com o intuito de que ele dissesse na televisão que fora agredido por um inimigo.

Mas o que dizer da impressão que o programa, na década de 1960, transmitia a espectadores mais atentos e experientes? Oziel Peçanha, crítico do *Correio da Manhã*, apontou mais de uma vez a suspeita de armação em cenas exibidas por *O Homem do Sapato Branco*. Como mostrei, em 1966, vendo na TV o depoimento de uma jovem, menor de dezoito anos, contando que foi seduzida pelo namorado, o jornalista questionou: "Seria mais fácil e menos humilhante para a moça ir procurar seus direitos na Justiça. É o caso de se pensar que aquela moça estivesse ali apenas representando. Triste". Em outra ocasião, comentando a estreia de Jacinto na Globo, em 1968, Peçanha foi ainda mais direto: "*O Homem do Sapato Branco* é um programa que tem por base o sensacionalismo fabricado". Não consta, no entanto, que o crítico ou o jornal em que escrevia tenham publicado o resultado de alguma investigação jornalística a respeito de suas suspeitas.

Com a volta do programa de Jacinto, a partir de novembro de 1979, retornaram também as dúvidas e suspeitas sobre a veracidade dos dramas e conflitos que exibia na televisão. Em junho de 1980, Cidinha Campos,[1] então colunista de *O Fluminense*, ficou com a pulga atrás da orelha ao assistir a uma reportagem de *O Homem do Sapato Branco* sobre homens que se prostituíam. Segundo ela, um dos participantes era um conhecido figurante de televisão, que estava ganhando para aparecer no programa. "Ali teve mutreta", escreveu. Em setembro de 1981, o crítico Gabriel Priolli, da *Folha*, foi direto ao afirmar que testemunhas de um caso receberam dinheiro para aparecer em *O Homem do Sapato Branco*. O programa mostrou um sujeito que distribuía dinheiro em favelas de Jundiaí. Jacinto apresentou um certo José como sendo esse benfeitor, mas os próprios moradores da favela, que foram ao programa e ganharam cachê, disseram depois que tudo foi marmelada. "Fajuto ou não, deve ser divertido", escreveu.

Nem é preciso ser especialista em televisão para estranhar o comportamento nada espontâneo de vários convidados no estúdio de Jacinto na década de 1980. São pessoas aparentemente humildes, que estão ali para expor dramas pessoais e cobrar respostas aos seus problemas, mas que agem de forma mecânica, estudada. As situações quase sempre degeneravam em brigas. É por isso que Homero Salles, diretor de Gugu Liberato por décadas, afirma: "Deve-se encarar o programa do Jacinto como se encara o telecatch. É um divertimento. O fato de ser armado fica em segundo plano". E Helvio Figueira, sobrinho

---

[1] Entre as décadas de 1960 e 1980, Cidinha Campos foi apresentadora de programa infantil (*A Grande Gincana Kibon*), atriz (*Família Trapo*), repórter internacional (*Fantástico*) e radialista popular (*Cidinha Livre*), entre muitas outras atividades. No início da década de 1990, entrou para a política, via o PDT de Leonel Brizola. Foi deputada federal por dois mandatos e sete vezes deputada estadual do Rio de Janeiro.

de Jacinto, que trabalhou na produção do programa, confirma que em muitas situações se recorria ao "Time B" — atores contratados para encenar situações no lugar dos verdadeiros autores das denúncias, que não queriam aparecer. Mas como provar isso? Teria sido necessário, na época, gravar as imagens, pesquisar em agências de figurantes e, eventualmente, convencer alguém a falar abertamente sobre o assunto. Não seria trabalho jornalístico fácil, mas possível, caso houvesse interesse.

O UOL fez isso na década de 2010, mas teve facilidades que nenhum repórter teria em 1980. Entre 2013 e 2015, vários jornalistas apontaram mais de uma dezena de situações em que programas populares recorreram a figurantes contratados ou pagaram cachês para figuras anônimas darem depoimentos "emocionantes" na TV.[2] Fomos ajudados pelo fato de as emissoras manterem em seus sites os programas já exibidos e pela troca de informações com espectadores nas redes sociais. Nem uma coisa nem outra existiam nos tempos de *O Homem do Sapato Branco*. Os casos surgiam quando uma mesma pessoa aparecia, num intervalo de poucas semanas ou meses, em programas diferentes, contando histórias diversas e às vezes contraditórias. Algum espectador ficava desconfiado, como Cidinha Campos ficou em 1980, e mandava mensagem para alguém na redação, alertando. Em algumas situações, o próprio informante já fazia a pesquisa e enviava imagens de tela ou vídeos que comprovavam a duplicidade.

Casos de Família (SBT), apresentado por Christina Rocha, e *Você na TV* (RedeTV!), comandado por João Kleber, estavam entre os programas que mais usavam figurantes contratados. Em sua defesa, as emissoras se diziam vítimas também.

---

[2] "Há três anos blog vem revelando talentos como o da figurante Maria Andréia" (UOL). Disponível em: <tvefamosos.uol.com.br/blog/mauriciostycer/2015/01/30/a-atriz-maria-andreia-explica-como-fez-dois-papeis-em-casos-de-familia>. Acesso em: 25 jan. 2023.

Afirmavam que as pessoas, anônimas, ao serem selecionadas por produtores, garantiam que as suas histórias eram inéditas e verdadeiras. Em um dos casos, uma mesma mulher se apresentou duas vezes no programa *Casos de Família*, do SBT, cada vez com um nome, contando histórias absolutamente diferentes — e convincentes. Ela disse que ganhou cem reais de cachê em cada participação.

Outro nervo exposto de Jacinto, a sua proximidade com policiais, abriu um flanco para outro tipo de suspeita e novas acusações. Ele foi muito próximo e em alguns casos amigo de delegados e investigadores — um deles, Donato Guedes, foi produtor e diretor do seu programa. Em 1979, o apresentador reconheceu que acusados de crimes eram levados algemados ao seu programa, na década de 1960, mas se eximiu de responsabilidade: "Eles vinham algemados pela polícia", disse.

Esse caldo ajuda a explicar como surgiram acusações ainda mais graves, mas nunca desenvolvidas ou comprovadas, sobre os métodos do apresentador. Em março de 1967, ainda apresentando seu programa na TV Cultura, canal 2, e já eleito deputado estadual, Jacinto foi convidado a participar do *Roleta Paulista*, exibido pela TV Paulista, canal adquirido pela Globo. Nesse programa, os convidados eram sabatinados com perguntas indiscretas e, eventualmente, intimidadoras. Dedicada à cobertura do mundo da televisão, a revista *Intervalo*, da editora Abril, publicou uma nota relatando o convite e o motivo da ausência do convidado. "A direção artística do canal 2 temia um massacre do nobre deputado pela equipe da RP. O que esperava Jacinto no programa era uma gravação de pessoa que sofreu sequestro à mão armada para comparecer ao Homem do Sapato Branco", acusou a revista.

Pela gravidade da história, chega a ser leviana a publicação de uma nota curta, como essa, sem nenhum complemento de apuração jornalística. Mas não foi a primeira denúncia desse tipo. Outras pessoas afirmaram terem sido "intimadas" por supostos policiais a participar de *O Homem do Sapato Branco*. Em 3 de outubro de 1982, por exemplo, uma acusação com teor semelhante pipocou na imprensa. O *Jornal do Brasil* publicou, então, uma pequena nota, no pé do noticiário policial, intitulada "Televisão sequestra entrevistado". O texto afirmava que "o comerciante Laudelino Alves Santana, seu amigo Walfrido Pires de Souza, a filha Laudelene Alves Santana, a amante Lourdes de Souza e seu marido Joaquim de Souza denunciaram que foram sequestrados anteontem, à noite, para darem uma entrevista no programa *O Homem do Sapato Branco*, da TVS". O tema do programa, como se pode imaginar, seria a história de adultério. Segundo a denúncia, "o grupo foi levado à TVS por um casal que se apresentou anteontem, à noite em sua residência, no Jardim Novo Horizonte, em Osasco, como investigadores da polícia".

Uma década depois, em março de 1992, *O Fluminense* apresentou uma breve nota, no meio do noticiário de política, intitulada "Prefeito acusa repórter". Dessa vez, a acusação era a de que uma reportagem de Jacinto no *Aqui Agora* teria sido turbinada por dinheiro vindo de fontes suspeitas. O então prefeito de Caieiras (a 35 quilômetros de São Paulo), Milton Ferreira Neves (PMDB), sua filha, Isaura, então presidente da Câmara de Vereadores, e Antônio Romero Polon (PFL), acusaram Jacinto de ter recebido 2 milhões de cruzeiros para fazer uma reportagem que prejudicava a imagem do prefeito, paga por seus rivais políticos. O texto trazia, ao final, um comentário do chefe de reportagem do *Aqui Agora*, Marcos Antônio da Silva, afirmando que o SBT não permitia que nenhuma reportagem paga fosse ao ar. Assim como em 1967 e em 1982, o caso não teve maior repercussão e ficou por isso mesmo.

Quando entrevistei Clery Cunha, sua filha Lucienne, que o acompanhava, contou que conviveu com Jacinto nas décadas de 1980 e 1990. Ela se envolveu na montagem de uma peça do pai, *A Outra Face*, em 1989, na qual o Homem do Sapato Branco fazia uma participação. "Você saía com o Jacinto na rua, não tinha quem não parasse, quem não chegasse nele. Sabiam quem ele era. Na mesma proporção do Mojica Marins. Cercavam ele, queriam tocar. Viajamos muito com esse espetáculo. A plateia ia não para ver a peça, mas para ver ele", conta. Apesar das boas lembranças, Lucienne também se lembra de algo que sua mãe teria lhe contado. Eis o seu depoimento:

> Meu pai se casou com a minha mãe em 1966. Eu nasci em 1967. Minha mãe contou que, certa vez, meu pai não tinha como pagar aluguel. Altos e baixos da vida de cineasta. Situação difícil. O Jacinto descobriu e pagou todos os meses. Colocou toda a mobília em casa. E fez compra de um ano. Então, isso ele fazia. E da mesma forma, minha mãe contou também que quando ele descobria o podre de alguém, de um deputado, de uma socialite, ele usava isso realmente para pedir dinheiro. Esse dinheiro ele punha na produção e também pagava o aluguel do Clery. Da mesma forma que dava de um lado, tirava do outro.

20.
"Esqueceram de mim com muita rapidez"

O fim do *Aqui Agora*, em abril de 1997, marcou também o encerramento da carreira de Jacinto Figueira Júnior. Em dezembro, ele completou setenta anos, e sua situação financeira não era boa. Nas lembranças de Albino Castro, editor executivo de jornalismo do SBT naquela época, o Homem do Sapato Branco deixava transparecer os seus problemas: "Ele me parecia doente e em fim de vida. Eu sabia que ele precisava de dinheiro. Era duro. Duro de pedir adiantamento. Não tinha nenhuma situação. Morava de aluguel. Chegou aos setenta anos sem grana. Muitas vezes os produtores pagavam o almoço. Era um homem de poucos recursos", diz. Lilian Gonçalves confirma a precariedade da situação de Jacinto nos últimos anos. "Cheguei a mandar levar umas comidinhas para a casa dele. Mandava o segurança entregar. Ele gostava de comida baiana, acarajé, vatapá."

A última década de vida de Jacinto foi exposta em uma série de programas de televisão e de entrevistas à imprensa. De modo geral, todas versam sobre os mesmos assuntos: as dificuldades financeiras, a falta de oportunidades na TV, a indignação com os "imitadores" e a descrição dos seus problemas de saúde. Jacinto se transforma num clichê que rende muita audiência sempre: o ex-artista famoso, no ocaso da existência, moído pela indústria que lhe deu notoriedade, sofrendo as agruras do tempo. São retratos, de um modo geral, verdadeiros, mas exagerados, que seguem a cartilha completa do sensacionalismo.

Narrados de forma dramática, buscam provocar pena no espectador/leitor. A situação de Jacinto é apresentada da forma mais simplificada possível, sem a menor preocupação em discutir as causas dos seus problemas. O que importa é o efeito que provoca a imagem do apresentador alquebrado ou uma declaração bombástica sobre o que está vivendo. Não dá para ignorar a ironia: essas matérias amplificam o problema recorrendo às mesmas ferramentas que *O Homem do Sapato Branco*, nos seus bons tempos, manejava com grande habilidade.

Isolado, com dificuldades financeiras e com sequelas de um derrame sofrido no início de 2001, ele deu uma entrevista ao repórter Wagner Sugamele, exibida em 25 de abril no *TV Fama*, apresentado por Nelson Rubens na RedeTV!. É um dos momentos mais tristes de sua trajetória. "Um retrato do que acontece num país sem memória", avisou Nelson Rubens. Então com 73 anos, Jacinto surge no vídeo andando lentamente. Está de cabelos brancos despenteados, a voz muito rouca. Usa um paletó velho, um número maior que o seu. Com dificuldades de articular o pensamento, não completa todas as frases. Um raro close no rosto mostra os dentes em mau estado. "Nós vamos mostrar agora a comovente história de um dos maiores ícones da televisão brasileira, o homem que se dizia chamar Jacinto Figueira Júnior", começa Sugamele.

Como de hábito, Jacinto confunde algumas datas, infla alguns dados de audiência, mas demonstra lucidez e ressentimento em várias observações. Reclama dos imitadores (citando Gil Gomes, Afanásio Jazadji e Ratinho): "Eu comecei e eles entraram na onda e continuaram", diz. "Eu pegava o cotidiano, polícia, pegava figuras grotescas, engraçadas, figuras que realmente marcavam até época. Era aquilo que a cidade tinha e ninguém tinha coragem de fazer." "Qual é o segredo?", pergunta o repórter. "Segredo é um só. Você vai de encontro ao povo. Você faz o que o povo quer. O povo assistia porque eu dava ao povo o que o povo queria. O povo queria que eu mostrasse as mazelas de São Paulo, que ninguém mostrava. Eu dizia, por exemplo: 'Meu amigo, você sabe com quem está seu filho agora? Está cheirando cocaína ou maconha'. Mas o pai não sabia. Eu alertava. E o povo achava interessante."

Sugamele pergunta se Jacinto "enriqueceu": "Nunca fiquei rico. Nunca. Eu ganhava um ordenado pequeno. Na época não pagava bem. Nunca fui um homem rico. Não tenho casa própria, não tenho nada. Tenho um carro que nem meu é. O apartamento que eu moro é da d. Andreia. Eu apenas tenho um comodato no apartamento. Mais nada. Sou aposentado. Vivo de uma aposentadoria pequena", responde. "D. Andreia" é Maria Andreia Godoy, dona da boate Vagão, com quem Jacinto teve um longo e conturbado relacionamento. O apartamento a que se refere fica na rua Martiniano de Carvalho, no bairro da Bela Vista, em São Paulo. Ele se mudou para lá após a separação, na sequência do episódio em que atirou no garçom da boate. Segundo o sobrinho Helvio Figueira, o apartamento pertencia, na verdade, ao próprio Jacinto, e a opção de deixar em nome de Andreia foi para evitar que ele se desfizesse do patrimônio. "O apartamento era do meu tio, mas meu pai [Valdemar] não deixou ficar no nome dele. Se ficasse, ele ia vender. Já tinha vendido muita coisa que conquistou e gastava dinheiro com tudo que você imagina", diz. Uma ação judicial, movida por Andreia, sugere outra versão dessa história. Ela foi à Justiça para cobrar dívidas que Jacinto estaria acumulando por não pagar o condomínio e o imposto predial do apartamento. O valor da dívida superava 40 mil reais. Andreia tentou, por esse motivo, rescindir o contrato de comodato. A ação foi extinta somente após a morte dele, em 2005, quando houve um acordo dela com os herdeiros.

A certa altura da entrevista no *TV Fama*, pressionado pelo repórter, Jacinto diz que está devendo algumas parcelas do condomínio do imóvel em que vive. "Estou devendo 6,9 mil reais. Mas vou pagar", diz. "No auge do sucesso, qual é a melhor lembrança que você tem daquela época?", questiona o entrevistador em outro momento. Jacinto pensa e diz: "Falar o quê? Não posso falar nada sobre isso. Eu vivi bem. Tive boas amantes, não posso me queixar. Mulheres lindas, me levaram tudo". Sugamele tenta provocar Jacinto a falar sobre o episódio da traição, mas ele não parece disposto a conversar a respeito. "Você foi corneado e ainda deu uns tiros no cara?", pergunta. Sem muita paciência, Jacinto fala um pouco do episódio: "Peguei o cidadão na minha cama. Dei um tiro nele".

Como não poderia faltar, Sugamele tenta arrancar de Jacinto alguma reclamação sobre seus antigos empregadores: "Você tem alguma mágoa da televisão? Ou das pessoas?". Jacinto responde: "Mágoa porque esqueceram de mim com muita rapidez". O repórter insiste: "Quem?". E ele: "A TV Globo, o próprio canal 4, a TV do Silvio Santos, esqueceu de mim. Não falo com ele há quatro ou cinco anos. Não foi mau patrão, não. Nunca atrasou pagamento. Não posso falar mal dele. De jeito nenhum". Mas o entrevistador aperta a ferida: "Você se sente abandonado hoje?". Levando Jacinto a dizer: "Totalmente. Esqueceram de mim. Nunca mais me procuraram. Nunca mais me chamaram pra nada. Porque sabem que, se eu voltar, eu volto em primeiro lugar mais uma vez".

Vem, então, a pergunta mais dramática: "É verdade que tem dia que você não tem o que comer?". Jacinto nega: "Não. A verdade é que eu tenho uma mulher, que mora comigo, ela e o filho dela, que tá me ajudando". Sugamele tenta mais uma vez: "Você esperava vivenciar essa experiência? Você que mostrou para o Brasil inteirinho, durante anos e anos, com muito sucesso, a real sociedade brasileira? Ou seja, o submundo da cidade. Hoje você é uma personagem muito parecida com aquelas que procuravam o seu programa. Você em algum momento da sua vida pensou na possibilidade de estar nesta situação hoje?". E Jacinto diz: "Não. Eu imaginei que não ia ter esse final. Ou melhor, achei que as coisas iam continuar como estavam. Mas é o destino. Não adianta. Tudo é o destino. Está marcado no destino, você não escapa. Uma pena, mas é verdade. Essa é a verdade".

Dirigindo-se a Nelson Rubens, o entrevistador encerra a matéria dizendo: "Na verdade, eu preciso passar essa informação, que o que acontece, de verdade, mesmo, é que ele está constrangido em contar a sua verdadeira história. Esse homem que é um ícone da televisão brasileira, que a gente admira muito, na verdade, ele deve 20 mil reais. Com 20 mil reais ele solucionaria realmente esse problema financeiro da vida dele. Mas ele quer mais do que isso. Ele queria ter novamente a alegria de estar frente a uma câmera de televisão, fazendo o seu programa".

Menos de um mês depois, o repórter Rodrigo Cardoso visita Jacinto e descreve o que viu na revista *IstoÉ Gente*, numa matéria intitulada "A fase negra do Homem do Sapato Branco". O seu relato na edição de 17 de maio de 2001 começa assim:

> É das mulheres que ele mais sente saudades. Os olhos marejados pelo passar dos anos brilham ao lembrar delas. E não foram poucas. Figura onipresente nas noites paulistanas dos anos 60 e 70, Jacinto Figueira Júnior, hoje com 72 anos, lamenta não ter se casado: "Nenhuma quis". Solteiro, sem filhos, sem pais e com poucos amigos, ele lembra pouco ou quase nada o apresentador de tevê que um dia virou herói dos humildes, playboy das meretrizes e deputado estadual mais votado do país. Não fossem as gírias de malandro que o acompanham desde a adolescência e a cor dos sapatos que não muda desde os trinta e poucos anos, o Homem do Sapato Branco passaria despercebido.

O texto prossegue informando que Jacinto vive há quinze anos no apartamento "deixado por uma de suas ex-paixões". Com ele moram Hermogina, que conheceu quinze anos antes numa boate, e o filho dela, Bruno, de nove anos. Vivendo em regime de comodato, o Homem do Sapato Branco afirma à revista que tem de arcar apenas com as despesas de condomínio e impostos. Só que os 1,3 mil reais mensais que recebe como pensão não dão conta de tudo. "Devo sete mil na praça", afirma. Além dos problemas econômicos, Jacinto torna pública também uma cirurgia de próstata a que se submeteu alguns meses antes. "Fiquei brocha", conta. Segundo a reportagem, a saúde também está abalada pelas consequências de um derrame, que o deixou sem equilíbrio e lhe paralisou parte do lado esquerdo do corpo. "O pior é que não posso tomar Viagra, porque operei o coração também", reclama.

Em dezembro foi a vez de o repórter Rodrigo Dionísio, da *Folha*, visitar Jacinto e descrever o seu estado deplorável: "Hoje, Jacinto vive de uma aposentadoria de setecentos reais e diz não ter mais esperanças de voltar à TV. Vítima de um derrame no início deste ano, tem problemas de locomoção e ouve com dificuldade". A entrevista versa sobre os mesmos temas — os imitadores e as injustiças. "Eu boto eles no chão", diz sobre Ratinho, João Kleber e Márcia Goldschmidt. Uma novidade nessa entrevista é que Jacinto não culpa os donos ou mandachuvas das emissoras pelo seu afastamento. O alvo agora é outro: "Estou barrado e não acredito que vá conseguir mais nada. Não por causa dos donos, mas pelos produtores e colegas. O medo deles é exatamente esse [a concorrência]. Pô, esse cara aparecendo outra vez vai ser um problema terrível para nós. Não pode".

Em março de 2002, Jacinto reaparece bem melhor no *Provocações*, conduzido por Antônio Abujamra na TV Cultura. Continua vestindo um paletó de um número maior do que o necessário, mas parece inteiramente recuperado. Está bem-disposto, irônico e teatral, como nos bons tempos de *O Homem do Sapato Branco*. A conversa passa por todas as etapas da sua trajetória profissional, até chegar ao assunto que se tornou a sua obsessão no final da vida: os imitadores e a falta de oportunidade de trabalho. "O que você acha do Ratinho?", provoca Abu. "Não conheço o Ratinho! Me imita! Ele me imita. Estive no programa dele na Record uma vez. Ele me colocou no ar três minutos. Três minutos. Em três minutos, acabou comigo. Ele me mandou sair depressa. Ali que eu vi que ele é meio medroso. Porque se ele tivesse um concorrente como eu, não teria esse Ibope. Eu ganharia dele", responde.

"Por que não te convidam para a televisão?", prossegue o entrevistador, levantando a bola que Jacinto queria chutar: "É isso que eu queria saber também. Nunca mais eu recebi convite, ô Abujamra. Nunca mais". O apresentador provoca: "Deve haver alguma razão". E Jacinto diz: "Não há razão nenhuma. Veja bem, eu não sou mau caráter. Sempre fui colega de todo mundo. Você sabe, eu sou maçom há 45 anos. Nas Grandes Lojas. Sempre procurei manter uma linha na minha vida. Não consegui casar. Tive amantes, mas não casei. Por quê? Porque infelizmente o destino não quis. Só isso. É o destino que manda na gente".

Abujamra muda repentinamente o rumo da conversa para observar que há algo estranho na vista de Jacinto. O entrevistado conta que está com catarata no olho esquerdo. "O dr. Abujamra, que é seu primo, vai me operar." "Suel Abujamra? Não é porque é meu primo, mas é um gênio." Encerrada a promoção, Abu retoma o assunto: "Queria que você me explicasse. Por que você não tem trabalho? Você foi procurar trabalho e disseram 'não'?". E Jacinto responde: "Nunca procurei. Eu não posso procurar. O cara que foi o maior Ibope da televisão brasileira tem que procurar?". O entrevistador concorda: "Claro que não".

Sete meses depois, no final de outubro de 2002, após outra internação hospitalar, Jacinto teve nova recaída e volta ao noticiário da pior forma possível. Não escapou à *Folha* a ironia da situação:

> A imagem do apresentador Jacinto Figueira Júnior, 74, o 'Homem do Sapato Branco', em um leito de hospital foi um prato cheio para os programas de Sonia Abrão (SBT) e Márcia Goldschmidt (Band) na última semana. Doente e sem recursos, Figueira Jr., pioneiro em atrações que fazem da desgraça alheia um show televisivo, acabou vítima dos que hoje seguem o estilo sensacionalista.

Assisti a três matérias sobre Jacinto exibidas por Sonia Abrão no programa *Falando Francamente*, no SBT, entre o final de outubro e o início de novembro. Na primeira, Jacinto aparece deitado, em um leito do Hospital das Clínicas, com a camiseta rasgada e os dentes em estado deplorável. Ele fala do seu passado na Cultura, na Globo e no SBT. E observa: "Mas o que adianta isso? São águas passadas, são jornais velhos. Ninguém lembra mais. O que eu posso pensar disso?". Um repórter pergunta: "Você tem recebido visitas aqui?". E ele: "Por enquanto, só vocês. Ninguém mais vem me visitar. Ninguém".

O sucesso de audiência dessa primeira matéria leva a apresentadora a se deslocar até o Hospital das Clínicas para fazer pessoalmente outra entrevista, um dia depois. Jacinto está deitado na mesma cama, coberto parcialmente por um lençol. Usa outra camiseta, em melhor estado, mas o que continua chamando a atenção são os dentes, em péssima situação. Sonia Abrão veste um blazer branco e permanece de pé ao seu lado. A justificativa dela para essa nova exposição é a seguinte:

A gente mostrou a sua reportagem no programa e choveu telefonema do Brasil inteiro. O público brasileiro todinho preocupado com você, te mandando abraço, te mandando beijo, querendo que você volte logo para a televisão. Então, a gente veio aqui te trazer essa boa notícia, que você emocionou o Brasil inteiro com o seu depoimento. Fica feliz?

Jacinto chora ao agradecer. "Não chora. A notícia é para você ficar feliz, não para você chorar", diz Sonia. "Ontem você falou 'esqueceram de mim', mas não esqueceram." A exposição da intimidade avança quando o Homem do Sapato Branco reclama da colonoscopia a que foi submetido: "Acabei de fazer um exame difícil, muito difícil. Pensei que ia tomar anestesia, mas eles esqueceram de me dar". Sonia Abrão explica: "Às vezes não esquece. Às vezes não dá porque a pessoa não suporta. É melhor sem anestesia e deixar o seu organismo se recuperar naturalmente. Não é que eles esqueceram. Apesar de ser doloroso, ser chato, a colonoscopia, às vezes para o paciente, dependendo do estado, sem anestesia é melhor". Jacinto, então, desfia o seu prontuário médico: "Espero que não aconteça mais nada para mim. Já operei tantas coisas. Operei o coração, operei o fígado, a hemorroida, o cisto dermoide. Operei tanta coisa que nem lembro mais".

Não deixa de ser irônico que a exibição das mazelas de Jacinto ocorra num leito hospitalar, exatamente o mesmo ambiente de sua primeira e mais famosa reportagem, a do transplante de córnea, exibida em 1962 na TV Cultura. Sonia Abrão sabe que está explorando o drama pessoal de Jacinto da forma mais lamentável e triste possível. Mais de uma vez ela se justifica:

> Logo logo você vai estar fora daqui. Não vai te faltar apoio e carinho. Eu vim como porta-voz de milhares de pessoas que ligaram para dizer que estão rezando por você e

mandando uma energia boa. E que estão esperando você de volta na televisão. Caminhos vão se abrir daqui para frente. É uma corrente poderosa.

E ainda: "A gente só está gravando com você para que o público brasileiro possa entender também que você está disposto a reagir, a sair daqui, que está recebendo as mensagens de todo mundo. Você vai cansar de receber visitas a partir de agora".

O fecho de ouro dessa matéria de doze minutos ocorre na sequência:

A gente trouxe também para você, além das boas notícias, um presente. Para você ver como as coisas são legais. Você que é o Homem do Sapato Branco tão querido está ganhando esse par de sapatos brancos novinho para sua volta à televisão. Porque até que surja um convite para você fazer o seu próprio programa, com esse sapato aqui você vai fazer as suas reportagens no nosso programa, *Falando Francamente*. Você fica [lá com a gente] o tempo que você quiser. Você vai sair do hospital com esse par de sapatos e vai estrear no nosso programa.

Na tela, então, ocorre uma troca de legendas. Sai "Sonia Abrão visita o Homem do Sapato Branco em hospital" e entra "O Homem do Sapato Branco: doente e abandonado pelos amigos". E surgem imagens de Jacinto encerrando um antigo episódio de *O Homem do Sapato Branco* com estas palavras, escolhidas a dedo: "E aqui, telespectadores, termina mais um espetáculo, um espetáculo circense, aqui diretamente do Circo Bartolo. O nosso objetivo foi homenagear todos os artistas vivos e mortos, porque hoje é o Dia do Circo".

Na terceira reportagem, exibida no início de novembro de 2002, Jacinto surge sentado em uma cadeira de rodas no estúdio do *Falando Francamente*. A legenda na tela é: "Emoção: Homem do Sapato Branco vence mais uma batalha". Sonia Abrão pergunta se ele quer mandar algum recado ao público que enviou mensagens desejando a sua recuperação. Como se não tivesse entendido, ele diz: "A única coisa que eu lembro e não posso esquecer é a minha querida mãe. Que eu perdi há muitos anos e ainda tenho saudade dela. Da minha mãe. Que me deu uma educação extraordinária". Acrescenta que não se esquece também dos amigos, que o apoiaram. "Não apoio financeiro, mas apoio de amizade". Sonia, então, promete: "Pensamento positivo. Se Deus quiser. A gente vai acompanhar o Jacinto daqui para a frente. Ver tudo que ele está precisando. Vamos botar a vida dele em ordem para ele ficar tranquilo, poder se recuperar e depois trabalhar". E revela que Jacinto saiu do hospital direto para o estúdio do seu programa: "Vamos poupá-lo. Ele está em recuperação. Agora que você vai para casa. Um feliz retorno para sua casa. E logo a gente se vê de novo. E aí você vai entrar nesse estúdio sem a cadeira de rodas, com o seu sapato branco".

Epílogo
"O que não é mundo cão neste mundo?"

Em 22 de novembro de 2005, Jacinto foi internado com problemas pulmonares no hospital Beneficência Portuguesa, localizado próximo do seu apartamento, na Bela Vista. Foram 37 dias de hospitalização. Ele morreu no dia 28 de dezembro de falência múltipla de órgãos. Tinha 78 anos. Segundo os sobrinhos, todos os gastos hospitalares dessa longa internação foram bancados pelo empresário Antônio Ermírio de Moraes, um dos grandes benfeitores do hospital. Miriam reclama de Silvio Santos e do SBT. Segundo ela, o canal havia prometido a Jacinto manter o seu convênio médico até o final da vida. Em 2004, um ano antes da morte, a família teria descoberto que a promessa não foi cumprida:

> O Silvio que veio com a proposta de dar um abono a mais e o convênio continuaria até o fim da vida. A gente assistiu isso. A gente estava 24 horas com ele. O prédio em que ele morava, na Martiniano de Carvalho, do lado tinha um hospital que o convênio dele aceitava. Para surpresa nossa, quando a gente viu que ele estava doente, entrou no hospital e não foi aceito.

Como ex-deputado estadual, Jacinto teve direito a alguns benefícios (as despesas do funeral) e honras. Foi velado no salão nobre da Assembleia Legislativa por amigos, parentes e colegas de trabalho. Alguns artistas do SBT passaram pelo local.

Silvio Santos, segundo Miriam, teria ligado para a família consultando sobre o velório e ouviu dela que a sua presença não seria bem-vinda. "Eu respondi pra ele: você fez alguma coisa por ele na vida? Na pior hora, foi tirado tudo." Às 14h15, um cortejo acompanhou seu corpo ao Cemitério da Quarta Parada, no Brás, onde a família Figueira tem uma campa. Mais de cinquenta pessoas acompanharam a cerimônia, entre as quais Pedro de Lara, Wagner Montes e Hebe Camargo.

"Ele dizia que queria voltar, nem que fosse num takezinho de trinta segundos. Mas TV só quer garotão, não reconhece idoso. Nem o que a revolucionou", lamentou o sobrinho Helvio Figueira. "Ele foi um dos grandes mitos da televisão, mas nunca se deu com os grandes da época. Morreu decadente, sem grana, as mulheres caíram fora. Muito triste. Foi um abalo geral para todos nós. Todo mundo caiu fora", resume Clery Cunha.

A *Folha* lembrou que ele "foi um precursor dos programas populares de auditório dedicados à exploração de dramas pessoais de cidadãos comuns". O *Estadão* observou que *O Homem do Sapato Branco* "foi um marco na história da televisão brasileira". Já *O Globo* anotou que "Jacinto foi o criador dos programas estilo mundo cão, que abordavam dramas pessoais e chegavam a atingir até 64 pontos no Ibope". É curioso observar que todos esses registros, ainda que realcem o pioneirismo e a importância de Jacinto, tenham ocupado espaço pequeno nos três jornais. Como se esses feitos do apresentador não fossem dignos de merecer uma grande reportagem no dia seguinte à sua morte.

Jacinto passou os últimos anos reclamando dos imitadores. Na verdade, o que o incomodava mais era a falta de reconhecimento. E ele tinha motivos para isso. Com exceção do "Esta É a Sua Vida", exibido em 1982, não recebeu nenhuma outra grande homenagem pública em vida. No dia seguinte à sua morte, por exemplo, um jornal noticiou: CRIADOR DO

ESTILO "RATINHO", JACINTO FIGUEIRA MORRE AOS 78. Sem atentar para a ironia, o título deveria ter lembrado que foi Jacinto quem criou um estilo e inspirou ou foi imitado por diversos apresentadores, entre os quais Ratinho.

Por que Jacinto chegou ao final da vida assim, sem um justo reconhecimento, ressentido e com tantas dificuldades financeiras? A resposta não é simples. Por um lado, o tipo de programa que fez nunca atraiu maior interesse comercial nem ele era uma figura confiável aos olhos da elite. Ao contrário, quase sempre provocou repulsa dos ricos e poderosos. Enquanto esteve no auge, nunca admitiu os problemas éticos ou os excessos sensacionalistas cometidos em seus programas. Era bem relacionado no baixo clero policial, nos "inferninhos" da rua Nestor Pestana, em ambientes de pouco prestígio e influência. "Outsider", independente, correndo em raia própria, Jacinto acumulou poucas amizades mesmo quando atuou ou tentou atuar na política. Não era amigo de artistas. Não tinha simpatia da mídia, com exceção de publicações populares, igualmente estigmatizadas, como o *Notícias Populares*.

Some-se a isso o fato de Jacinto ter sido um péssimo administrador dos seus recursos. Como mostrei, ele próprio ajudou a propagar a ideia de que perdeu tudo que tinha, mas essa é uma história mal explicada. Os sobrinhos, principais testemunhas vivas da trajetória do apresentador, lembram que o tio nunca se preocupou em poupar recursos ou fazer investimentos seguros. "Ele não perdeu tudo que tinha. Ele deu mesmo. Minha avó dizia que ele era 'o pai das putas'. Nunca casou", diz Miriam Figueira. "Ele era, como dizia meu pai, perdulário."

Em 1980, o inventor do mundo cão na televisão brasileira foi questionado uma vez mais sobre o estilo de programa que fazia. Jacinto, então, filosofou:

O que não é mundo cão neste mundo? Há fome, miséria, opressão. Por acaso não é mundo cão saber que a qualquer momento um maluco pode apertar o botão duma caixinha preta do Departamento de Estado americano e acabar com a nossa brincadeira de viver? Não peço a ninguém para assistir meu programa. Assistem meu programa aqueles que não têm medo da miséria porque convivem com ela, porque fazem parte dela.

E acrescentou: "Eu sempre costumo dizer que a televisão brasileira é uma janela fechada à podridão que busca esconder. Eu não tenho vergonha de nada. Sou, com muito orgulho, o Homem do Sapato Branco".

Agradecimentos

Este livro só foi possível graças a colaborações de algumas dezenas de pessoas. Registrar seus nomes, muito mais do que uma obrigação, é uma questão de justiça e de gratidão.

Meu irmão, Daniel, jornalista rigoroso, leu a primeira versão deste texto, ainda um esboço, e me deu o incentivo decisivo para seguir no trabalho. Apontou problemas, levantou dúvidas, corrigiu erros e, sobretudo, derrotou a minha insegurança inicial sobre tratar deste tema e deste personagem. Este livro é dedicado a ele.

Flávio Moura, mais uma vez, foi o editor que todo autor de não ficção sonha ter. Atento, me ajudou a enxergar o caminho que este livro deveria seguir e o colocou no prumo. Deu dicas preciosas e me estimulou a avançar por caminhos que não tinha imaginado na pesquisa. Naturalmente, todos os eventuais equívocos cometidos são de minha inteira responsabilidade.

Agradeço a Murilo Garavello, diretor de conteúdo do UOL, e Sérgio Dávila, diretor de redação da *Folha*, por autorizarem que eu suspendesse o meu trabalho cotidiano por três meses, entre junho e agosto de 2021, um período essencial para deslanchar a pesquisa que resultou neste livro.

Com suas ajudas, também tiveram papel importante no resultado final: Alan Gomes, Amir Labaki, Ana Paula Goulart Ribeiro, André Barcinski, André Brandt, Carlos Eduardo Alves, Cristiano Pombo, Djeferson Barbosa, Elmo Francfort, Fabio Koifman, Fábio Marckezini, Fernando Morais, Fernando

Rodrigues, Flavio Ricco, Goyo Pessoa Garcia, Laurindo Leal Filho, Leon Abravanel, Ligia Mesquita, Luiz Carlos Duarte, Luiz Carlos Ferreira, Marcos Gleizer, Maisa Alves, Marília Fanucchi, Mario Cesar Carvalho, Mario Magalhães, Paulo Sampaio, Regina Malatesta.

Fontes e referências bibliográficas

Livros

AGUIAR, Mizael Afonso de. *Sarampo, a verdade*. São Paulo: Scortecci, 2005.
AMARAL, Márcia Franz. *Jornalismo popular*. São Paulo: Contexto, 2006.
AMARAL, Maria Adelaide. *Dercy de cabo a rabo*. São Paulo: Globo, 1994.
ARNT, Ricardo. *Jânio Quadros: O Prometeu de Vila Maria*. Rio de Janeiro: Ediouro, 2004.
BERGAMO, Alexandre. "A reconfiguração do público". In: RIBEIRO, Ana Paula Goulart; SACRAMENTO, Igor; ROXO, Marco (Orgs.). *História da televisão no Brasil*. São Paulo: Contexto, 2010.
BORGERTH, Luiz Eduardo. *Quem e como fizemos a TV Globo*. São Paulo: A Girafa, 2003.
CAMPOS Jr., Celso de et al. *Nada mais que a verdade*. São Paulo: Carrenho Editorial, 2002.
CLARK, Walter. *A vida de Walter Clark: Depoimento*. Rio de Janeiro: Rio Cultura, 1983.
_____; PRIOLLI, Gabriel. *O campeão de audiência*. São Paulo: Nova Cultural, 1991.
FREIRE FILHO, João. "A TV, os literatos e as massas no Brasil". *Contracampo*, v. 8, n. 1, 2003.
_____. "Notas históricas sobre o conceito de qualidade na crítica televisual brasileira". *Galáxia*, n. 7, abr. 2004.
_____. "Memórias do mundo cão: 50 anos de debates sobre o 'nível' da TV no Brasil". In: LOPES, Maria Immacolata Vassallo de; BUONANNO, Milly (Orgs.). *Comunicação social e ética*. São Paulo: Intercom, 2005.
GASPARI, Elio. *A ditadura envergonhada*. São Paulo: Companhia das Letras, 2002.
GENTIL, Lucas (Curador). *Almanaque SBT 35 anos*. São Paulo: On Line, 2017.
LEAL FILHO, Laurindo. *Atrás das câmeras: Relações entre cultura, Estado e televisão*. São Paulo: Summus, 1988.

LIMA, Jorge da Cunha. *Uma história da TV Cultura*. São Paulo: Imprensa Oficial, 2008.

MATTOS, Sérgio. *História da televisão brasileira*. Petrópolis: Vozes, 2010.

MENDONÇA, Kleber. *A punição pela audiência*. Rio de Janeiro: Quartet, 2002.

MICELI, Sergio. *A noite da madrinha*. São Paulo: Companhia das Letras, 2005.

MIRA, Maria Celeste. *Circo eletrônico: Silvio Santos e o SBT*. São Paulo: Loyola, 1985.

MONTEIRO, Denilson. *Chacrinha, a biografia*. Rio de Janeiro: Casa da Palavra, 2014.

MORAIS, Fernando. *Chatô, o rei do Brasil*. São Paulo: Companhia das Letras, 1994.

MORGADO, Fernando. *Blota Jr.: A elegância no ar*. São Paulo: Matrix, 2015.

OLIVEIRA SOBRINHO, José Bonifacio de (Projeto e Supervisão). *50/50: 50 anos de TV no Brasil*. São Paulo: Globo, 2000.

PERRONE, Fernando. *Relatos de Guerra: Praga, São Paulo, Paris*. São Paulo: Busca Vida, 1988.

PIGNATARI, Décio. *Signagem da televisão*. São Paulo: Brasiliense, 1984.

RIBEIRO, Ana Paulo Goulart; SACRAMENTO, Igor. "A renovação estética da TV". In: ____;____; ROXO, Marco (Orgs.). *História da televisão no Brasil*. São Paulo: Contexto, 2010.

SODRÉ, Muniz. *A comunicação do grotesco*. Petrópolis: Vozes, 1983.

STYCER, Mauricio. *Topa tudo por dinheiro*. São Paulo: Todavia, 2018.

VARELLA, Drauzio. *Nas ruas do Brás*. São Paulo: Companhia das Letrinhas, 2000.

Arquivo Nacional — Fundos

Conselho de Segurança Nacional
Serviço Nacional de Informações
Divisão de Segurança e Informações do Ministério da Justiça
Serviço de Censura de Diversões Públicas

Jornais e revistas (acervos)

A Tribuna
Amiga
Correio da Manhã
Diário Carioca
Diário da Noite
Diário de Notícias
Folha da Tarde
Folha de S.Paulo

Intervalo
IstoÉ Gente
Jornal do Brasil
Luta Democrática
Manchete
Notícias Populares
O Estado de S. Paulo
O Fluminense
O Globo
Revista do Rádio
Tribuna da Imprensa
Última Hora
Veja

Entrevistas de Jacinto a rádios, TVs e canais no YouTube

Pinga Fogo, TV Tupi, 23 jan. 1979
"Esta É a Sua Vida" em *Show sem Limite*, SBT, 1982
Jô Soares Onze e Meia, SBT, 12 jun. 1992
Programa *Garagem*, Rádio Brasil 2000, 15 ago. 2000
Falando Francamente, SBT, out. e nov. 2002
TV Fama, RedeTV!, 25 abr. 2001
Provocações, TV Cultura, 17 mar. 2002
Programa *Garagem*, Rádio Brasil 2000, jul. 2002
MofoCine, "Uma das últimas entrevistas de Jacinto Figueira Jr.", sem data

Jacinto em ação (YouTube)[1]

Monarquia é liberdade! (*Aqui Agora*, 1992), Canal AGC, 8 abr. 2009
Inri Cristo e o Homem do Sapato Branco (SBT, 1981), canal Mépic, 7 jan. 2013
Especial "O Homem do Sapato Branco", SBT, 15 out. 2018
"O jornalismo do Homem de Sapato Branco", SBT, 8 nov. 2018
Aqui Agora 1991 — "Prostitutos", Canal do Bocão, 24 out. 2020
Aqui Agora — "Crime da mala", Canal São Paulo Antiga, 8 dez. 2021

Principais textos jornalísticos mencionados

"Televisionamento completo de 'operação de persistência do canal arterial'", *Diário da Noite*, 27 set. 1956.

[1] Consultado em julho de 2021.

"Meio São Paulo pediu que Deus, pela mão dos homens, devolvesse a visão à menina", *Diário da Noite*, 6 out. 1961.

"'Câmeras Indiscretas' estreia nesta semana", *Diário da Noite*, 17 jan. 1962.

"Vai repetir hoje na Cultura — Canal 2 Operações de Arigó", *Diário da Noite*, 16 fev. 1962.

"Um fato em foco", *Folha de S.Paulo*, 8 abr. 1963.

"Um fato em foco: Arrojo nos temas", *Diário da Noite*, 16 maio 1963.

"Toxicômanos, assunto de 'Um fato em foco'", *Diário da Noite*, 20 jun. 1963.

"Operação cesariana, hoje, pela TV Cultura", *Diário da Noite*, 4 jul. 1963.

"Este sou eu", *Diário da Noite*, 13 dez. 1963.

"'O cão matemático', pela primeira vez na televisão de São Paulo", *Diário da Noite*, 16 ago. 1964.

"A arrancada do '2'", *Diário da Noite*, 21 ago. 1964.

"Figueira Júnior faz TV como o público deseja", *Revista do Rádio*, ed. 821 (17 a 23 maio 1965).

"Programa na 13 é só crueldade", *Correio da Manhã*, 22 maio 1965.

"Fim do fato", *Folha de S.Paulo*, 4 jul. 1965.

"O sádico de sapato branco", *Luta Democrática*, 29 maio 1966.

"Melhora o Homem do Sapato Branco", *Correio da Manhã*, 1 jun. 1966.

"Mineiro não vê *O padre e a moça*, que a censura reverá", *O Globo*, 3 jun. 1966.

"Lago queima *Amores de Mercedes*", *Jornal do Brasil*, 14 jun. 1966.

"Isaltina vai à TV para ser desmascarada", *Luta Democrática*, 11 jul. 1966.

"Impossível aconteceu: O temível Homem do Sapato Branco virou Papai Noel", *Intervalo*, ed. 156, 1966.

"*Chico Anysio Show* e *Homem do Sapato Branco* suspensos pela Censura", *Jornal do Brasil*, 13 jan. 1967.

"Produtor foi punido por ato", *O Estado de S. Paulo*, 15 jan. 1967.

"Diretores de rádio acham que portaria da Censura não afetará seus programas", *Jornal do Brasil*, 18 jan. 1967.

"A demagogia e as favelas", *O Estado de S. Paulo*, 31 maio 1967.

"Movimento denuncia deputados", *O Estado de S. Paulo*, 2 jun. 1967.

"'Sapato Branco' em apuros", *A Tribuna*, 10 out. 1967.

"Médicos processam deputado", *Correio da Manhã*, 12 out. 1967.

"Programa do Homem do Sapato Branco acabou em suicídio frustrado", *Luta Democrática*, 5 dez. 1967.

"Discussão de Almirante com Flávio Cavalcanti tira do ar TV Tupi por 40 minutos", *Jornal do Brasil*, 9 fev. 1968.

"A corrida febril das contratações", *A Tribuna*, 22 abr. 1968.

"Para o populacho", *Correio da Manhã*, 18 maio 1968.

"Um moralista de sapatos brancos", *A Tribuna*, 19 maio 1968.

"Mundo cão, não", *Veja*, 25 set. 1968.

"Cinco partos, confusão e correria no Natal do 'Homem do Sapato Branco'", *Folha de S.Paulo*, 16 dez. 1968.

"45 feridos no 'Homem do Sapato Branco'", *A Tribuna*, 16 dez. 1968.

"Dops, bombas e lágrimas", *Diário da Noite*, 16 dez. 1968.

"Fila de Natal em SP causa tumulto", *Correio da Manhã*, 17 dez. 1968.

"Pancadaria por causa de Papai Noel", *Tribuna da Imprensa*, 17 dez. 1968.

"Crianças nasceram na rua à espera de Papai Noel", *Diário de Notícias*, 17 dez. 1968.

"E o povo fica sem o Papai Noel", *O Estado de S. Paulo*, 17 dez. 1968.

"Chacrinha, Dercy, Longras e a nova moral da TV", *Veja*, 15 jan. 1969.

"Polícia anuncia prisão de dois deputados em S. Paulo", *O Globo*, 22 jan. 1969.

"Deputado estadual encontra-se detido", *O Estado de S. Paulo*, 22 jan. 1969.

"Jacinto Figueira continuará detido", *Diário da Noite*, 23 jan. 1969.

"Presos dois deputados na capital bandeirante", *Luta Democrática*, 23 jan. 1969.

"Polícia solta o 'Homem do Sapato Branco'", *O Globo*, 28 jan. 1969.

"Solto o deputado radialista", *Diário de Notícias*, 29 jan. 1969.

"Governo cassa 92 deputados estaduais e três federais", *Jornal do Brasil*, 14 mar. 1969.

"Censura Federal proíbe programa de televisão que humilhe seus candidatos", *Jornal do Brasil*, 22 maio 1969.

"Globo de São Paulo já esperava nova portaria", *Jornal do Brasil*, 22 maio 1969.

"Um homem acuado", *Folha da Tarde*, 27 jan. 1979.

"Sem mistério: No *Pinga Fogo*, o Homem do Sapato Branco abre o jogo", *Diário da Noite*, 29 jan. 1979.

"A volta de Jacinto, O Homem do Sapato Branco", *Metrô News*, 6 ago. 1979.

"Opereta de um malandro no Bexiga", *Folha de S.Paulo*, 12 dez. 1979.

"O velho 'mundo-cão' na máquina do tempo", *Jornal do Brasil*, 7 abr. 1980.

"O humor negro do Homem do Sapato Branco", *Jornal do Brasil*, 25 maio 1980.

"A nova fase de Jacinto Figueira Jr.", *Folha de S.Paulo*, 26 jul. 1980.

"Uma antipatia pelo Homem do Sapato Branco", *Folha de S.Paulo*, 5 ago. 1980.

"Helio Ansaldo desmente Jacinto", *Folha de S.Paulo*, 7 ago. 1980.

"Helio esclarece a suspensão de O Homem do Sapato Branco", *Luta Democrática*, 14 ago. 1980.

"Quem é o dono do cavalo?", *Folha de S.Paulo*, 28 set. 1980.

"Jacinto fala com Maluf e escolhe PDS", *Folha de S.Paulo*, 20 nov. 1980.

"Homem do Sapato Branco é do PDS", *Jornal do Brasil*, 20 nov. 1980.

"Homem do Sapato Branco calça PDS", *Luta Democrática*, 21 nov. 1980.

"Vinte minutos de pão e circo na ceia do Jacinto", *Folha de S.Paulo*, 24 dez. 1980.

"Jacinto Figueira com a ceia dos maltrapilhos", *Folha de S.Paulo*, 27 dez. 1980.

"A volta do Homem do Sapato Branco", *Manchete*, 8 ago. 1981.

"Vampiros, umbanda e disputas", *O Estado de S. Paulo*, 30 set. 1982.
"Homem do Sapato Branco atira no D. Juan", *Luta Democrática*, 18 fev. 1984.
"Jacinto Figueira faz parto do histerismo", *O Estado de S. Paulo*, 21 jun. 1992.
"Homem do sapato branco é candidato em SP", *Folha de S.Paulo*, 12 ago. 1994.
"A Globo segundo Boni", *Folha de S.Paulo*, 16 set. 2000.
"A fase negra do Homem do Sapato Branco", *IstoÉ Gente*, 17 maio 2001.
"A TV do Silvio Santos vai passar a Globo. Logo, logo", *Folha de S.Paulo*, 23 dez. 2001.
"Jacinto, vítima de seu legado na TV", *Folha de S.Paulo*, 3 nov. 2002.
"Morre o Homem do Sapato Branco", *O Estado de S. Paulo*, 29 dez. 2005.
"O Homem do Sapato Branco morre aos 78", *Folha de S.Paulo*, 29 dez. 2005.
"Criador do estilo 'Ratinho', Jacinto Figueira morre aos 78", *O Tempo*, 29 dez. 2005.
"Aquilo é TV de baixa qualidade", *Veja*, 25 jan. 2012.
"A rainha da noite", *Playboy*, ed. 447, ago. 2012.
"Saiu no *NP*: O Homem do Sapato Branco", site f5, 6 nov. 2013.

Entrevistas

Afanásio Jazadji, Albino Castro, Antônio Marcos Soldera, Carlos Alberto Mattos, Clery Cunha, Ebrahim Ramadan, Gabriel Priolli, Helvio Figueira, Homero Salles, Humberto Mesquita, Javier Malavasi, Jayme Antônio Ramos, Jesse Ribeiro, Jô Soares, José Rubens Mainente, Jorge Guedes, José Bonifácio de Oliveira Sobrinho (Boni), Leon Abravanel, Lilian Gonçalves, Lucienne Cunha, Mário Fanucchi, Miriam Figueira, Roberto Cabrini, Tânia Maciel.

Créditos das imagens

Foto de capa: U. Dettmar/ Folhapress.
pp. 100-1: Foto: Nelson di Rago/ Abril Comunicações S.A.
p. 102-3: TV SBT — Canal 4 de São Paulo S/A.
p. 104: [acima] Não identificado; [abaixo] TV SBT — Canal 4 de São Paulo S/A.
p. 105: [acima] Foto: Aldyr Tavares/ Abril Comunicações S.A.; [abaixo] Foto: U. Dettmar/ Folhapress.
p. 106: *Notícias Populares*/ Folhapress.
p. 107: *Diário da Noite*: Arquivo *Diário da Noite*/ D.A. Press.
p. 108: Foto: Acervo UH/ Folhapress.
p. 109: [acima] Foto: Acervo UH/ Folhapress; [abaixo] Arquivo Público do Estado de São Paulo.
p. 110: [acima] TV SBT — Canal 4 de São Paulo S/A; [abaixo] *Luta Democrática*: Arquivo/ D.A. Press.
p. 111: Foto: J. Ferreira da Silva/ Abril Comunicações S.A.
p. 112: Arquivo Público do Estado de São Paulo.
p. 113: [acima] Arquivo Público do Estado de São Paulo; [abaixo] TV SBT — Canal 4 de São Paulo S/A.
p. 114: Foto: U. Dettmar/ Folhapress.

© Mauricio Stycer, 2023

Todos os direitos desta edição reservados à Todavia.

Grafia atualizada segundo o Acordo Ortográfico da Língua Portuguesa de 1990, que entrou em vigor no Brasil em 2009.

capa
Eduardo Foresti/ Foresti Design
composição
Jussara Fino
pesquisa iconográfica
Gabriella Gonçalles
tratamento de imagens
Carlos Mesquita
preparação
Leny Cordeiro
checagem
Gabriel Vituri
revisão
Tomoe Moroizumi
Karina Okamoto

Dados Internacionais de Catalogação na Publicação (CIP)

Stycer, Mauricio (1961-)
O homem do sapato branco : A vida do inventor do mundo cão na televisão brasileira / Mauricio Stycer. — 1. ed. — São Paulo : Todavia, 2023.

ISBN 978-65-5692-442-7

1. Sensacionalismo. 2. Política. 3. Televisão. 4. Biografia. I. Figueira Júnior, Jacinto. II. Título.

CDD 923.8

Índice para catálogo sistemático:
1. Biografia : Perfil biográfico (comunicadores) 923.8

Bruna Heller — Bibliotecária — CRB 10/2348

todavia
Rua Luís Anhaia, 44
05433.020 São Paulo SP
T. 55 11. 3094 0500
www.todavialivros.com.br

fonte
Register*
papel
Pólen natural 80 g/m²
impressão
Geográfica